Cozinhar com cogumelos

Cozinhar com cogumelos

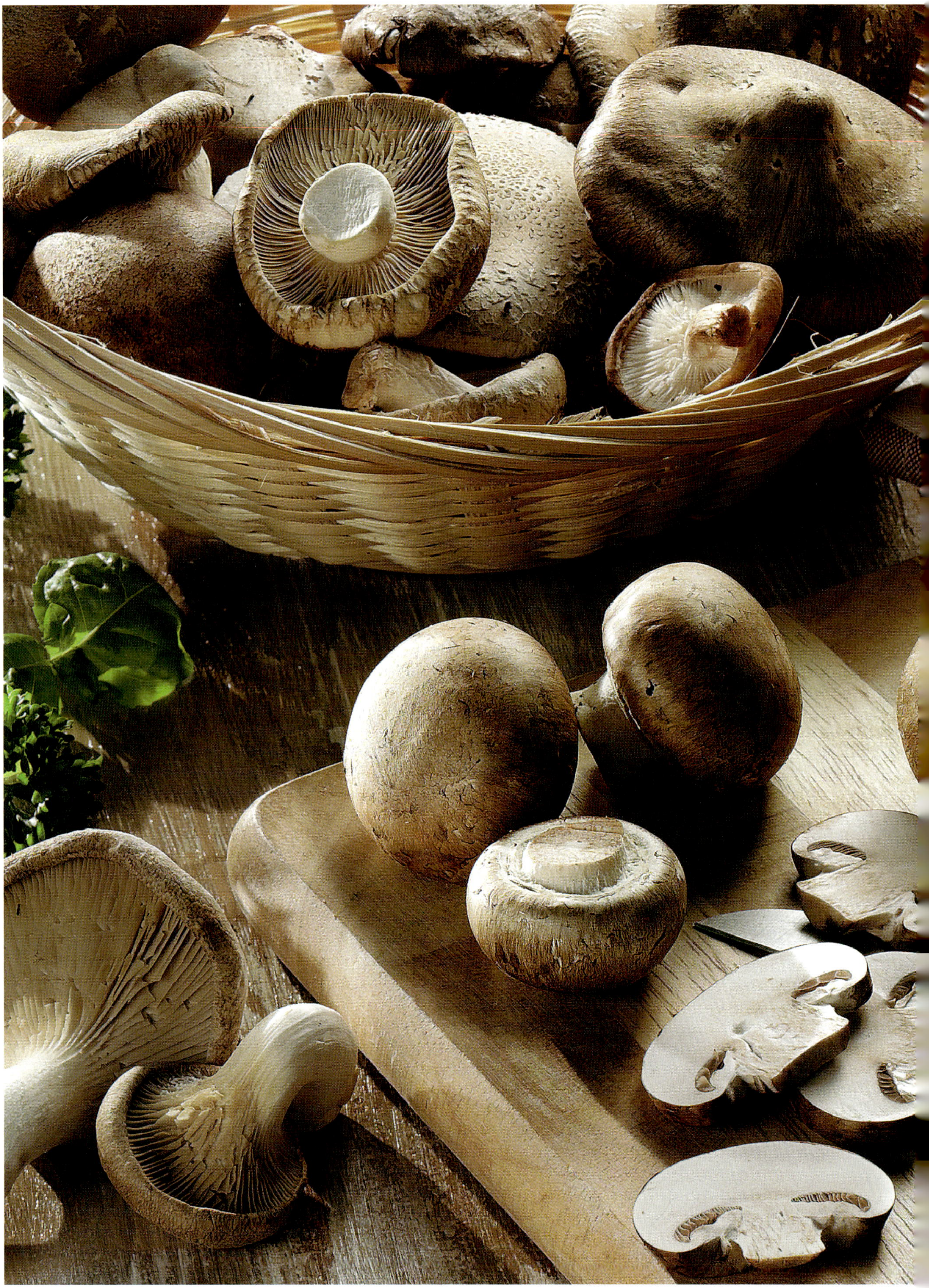

Índice

Historial   6

Sopas   14

Entradas   26

Peixe e marisco   46

Carne de vaca, borrego, vitela e porco   66

Caça e aves   86

Delícias vegetarianas   106

Acompanhamentos aromáticos   126

Frescos e estaladiços: cogumelos e salada   146

Índice de receitas   160

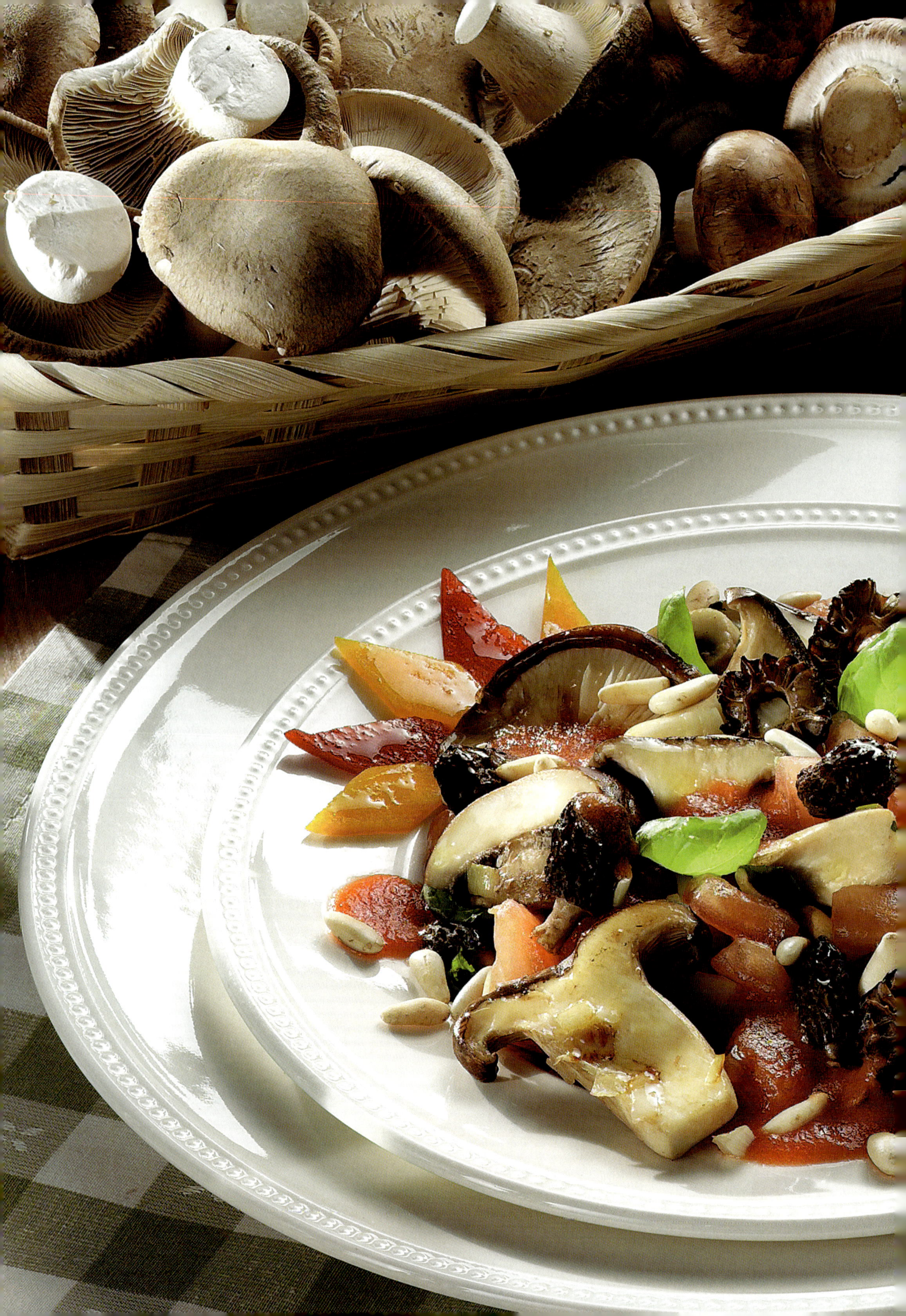

Historial

Os cogumelos foram cultivados em escavações no exterior de Paris pela primeira vez na época de Luís XVI. Nero designava-os de "cibus deorum": refeição dos deuses. Também hoje em dia tanto cogumelos de cultivo como silvestres são admirados pelo seu inigualável aroma em iguarias. São o acompanhamento ideal de muitos pratos de carne, enriquecem pratos de massa e arroz e também como prato principal são simplesmente deliciosos.

Os cogumelos são seres completamente misteriosos

Sendo indiferente que tenham sido cultivados ou crescido silvestres, os cogumelos são sempre desejados pois preenchem o aroma e paladar na íntegra. Em séculos passados, os cogumelos davam azo a especulações éticas, hoje em dia ainda mantêm os seus enigmas.

Há cerca de 2500 tipos de cogumelos da floresta e do bosque. Na verdade, o verdadeiro cogumelo, o micélio, está debaixo da terra, o que se vê é exclusivamente o fruto. Estes são desde longe muito apreciados por gourmets pelo seu sabor e aroma intenso. Os cogumelos são um acompanhamento por excelência de pratos de carne, mas também são deliciosos como prato principal. Consistem igualmente num óptimo ingrediente para *ragouts*, pratos de peixe ou com legumes. Ainda pratos de arroz, massa e leguminosas podem ser aprimorados com cogumelos.

Será feita a distinção entre cogumelos de cultivo e cogumelos silvestres.

Até agora são cultivados os cogumelos que retirem as suas substâncias nutritivas da matéria vegetal deteriorada, como, por exemplo, os cogumelos de Paris, os cogumelos ostra e os cogumelos *shiitake* do Japão. Estes são cultivados na China há mais de 2000 anos sob o nome de *tongu*, mas mais conhecidos com o seu nome japonês. Na Europa, o cultivo de cogumelos iniciou-se no paço de Luís XIV em Champignons e daí que em França o termo geral para cogumelos seja "champignon".

Por outro lado, ainda recente é o cultivo de cogumelos ostra, cogumelos escamosos, cogumelos da Toscana entre outros. Que de qualquer modo, estão à venda durante o ano todo em lojas da especialidade.

Enquanto os cogumelos de cultivo estão à disposição no mercado durante todo o ano, verifica-se o contrário em relação aos cogumelos silvestres. Estes têm de ser apanhados ou então podem ser comprados frescos em mercados na estação própria. Estes cogumelos não crescem apenas em determinadas estações do ano, mas também o seu desenvolvimento está muito dependente do tempo atmosférico. Os entusiastas apanhadores de cogumelos conhecem as estações e os locais dos cepes e dos outros cogumelos silvestres. Em regiões ricas em florestas já há crianças a quem é confiada o chamado "Codex dos cogumelos". Trata-se de cogumelos que já são apanhados há gerações. Na sua maioria são cepes, vários tipos de boletos e cantarelos. Caso algum cogumelo divirja da aparência de algum destes, é imediatamente desprezado. Por isso, de entre habituais apanhadores de cogumelos não há praticamente casos de envenenamento.

O que é perigoso, é quando leigos com conhecimentos deficientes enveredam na apanha de cogumelos. A forma mais rápida de saber identificar cogumelos, é frequentando seminários de micologia ou participando em excursões micológicas. Aqui aprende-se a conhecer os diferentes tipos de cogumelos (de cultivo, silvestres ou dos que crescem em árvores), verificando a aparência, cor, tamanho, lamelas, tubos, pés, volvas e muito mais.

Para quem se aventurar em ir de noite para a floresta, pode acontecer ver partes do chão onde brilham luzes verdes. Trata-se dos micélios dos fungos entremeados em bocados de madeira. O brilho é por vezes tão claro, que eram utilizados antigamente por povos do norte para marcar os caminhos da floresta. A armilária é um cogumelo que sabe primorosamente enquanto novo, mas que tem de ser primeiro escaldado.

Uma refeição com cogumelos é digerida com dificuldade para alguns, pois não lhes cai muito bem e porque não devem ser degustados numa refeição muito tardia. Isto baseia-se não só no alto valor proteico, que é mais elevado na carne, mas também porque todos os cogumelos são compostos por células com mais ou menos uma grande quantidade de quitina, ou seja, a constituição das carapaças dos insectos. Daí que uma boa deglutição de cogumelos seja também bastante importante.

Na cozinha

Na medida do possível, os cogumelos devem ser utilizados frescos. Caso decorram entre 2–3 dias até a sua preparação, podem ser guardados num recipiente de vidro a 0° C.

A melhor instância para se verificar se os cogumelos ainda estão próprios para consumo, continua a ser o nariz. Caso eles emitam um cheiro estranho, é deitá-los fora imediatamente!

Limpar cogumelos frescos não dá absolutamente trabalho nenhum, faz-se mesmo num piscar de olhos. Quanto muito será preciso cortar uma fina parte do pé, caso contrário, apenas limpar a terra presa. Na prática, há escovas próprias com filamentos suaves para o efeito. De qualquer modo, basta utilizar papel absorvente e esfregar a sujidade, retirando-a. Nos cogumelos silvestres novos não é preciso retirar-se nada. Igualmente lamelas e os tubos interiores do chapéu do cogumelo não precisam de ser retirados, pois são especialmente nutritivos.

Uma excepção consta das viscosas setas da família dos boletos, pois a esses deve ser retirada a pele do chapéu.

Só mesmo se necessário é que os cogumelos devem ser passados por água corrente numa peneira. Os cogumelos são como as esponjas, absorvem a água e, por isso, nunca deixe os cogumelos dentro de água.

Os cogumelos não deverão ser cortados ou escaldados antes da lavagem.

Cogumelos de determinadas espécies devem ser escaldados. A armilária é ligeiramente venenosa quando crua, por isso tem de ser escaldada antes de ser preparada.

Como para todos os legumes, é bom refogar os cogumelos, pois é o modo mais cuidadoso de os preparar.

Para finas fatias de cogumelos presta-se uma lâmina para cortar as trufas. Para fatias mais grossas utilize o cortador de pepino.

Pés de cogumelo moles como algodão devem ser retirados para a maioria dos preparados e apenas utilizados os chapéus consistentes, frescos e estaladiços. De qualquer modo, não devem ser deitados fora, mas sim para dentro da panela da sopa, pois condimentam o caldo ou ensopado.

Quão duradouros são os cogumelos?
Se o caule do cogumelo for muito grande, deve conservar o cogumelo. É mais fácil do que pensa. Os cogumelos são passíveis de ser congelados, conservados em soluções avinagradas, secos, ou mesmo reduzidos a pó de cogumelos. Os cogumelos secos são de costume postos em água e ao utilizá-los têm de ser cortados em pequenos pedaços.

A secagem de cogumelos é a forma mais fácil de os conservar. Os cogumelos devem ser cuidadosamente limpos, mas não lavados, cortados em pedaços pequenos e colocados sobre papel no forno com a temperatura mínima. Quando estiverem secos, podem ser conservados em frascos escuros.

Alguns cogumelos, por exemplo, as trombetas da morte, desenvolvem muito mais o seu aroma enquanto secos do que no seu estado fresco.

Antes de serem preparados, os cogumelos secos têm de ser postos de molho em água quente e consequentemente coados. Não deite fora essa água! Passe-a por um filtro de modo a retirar as sujidades e a areia. De seguida coloque os outros ingredientes lá dentro. A propósito, 100 g de cogumelos secos correspondem a 1 kg de cogumelos frescos.

Caso os cogumelos tenham sido secos até ficarem estaladiços, pode seguidamente reduzi-los a pó com a ajuda de um moinho. Deve ser conservado num recipiente de vidro ou de metal. O pó de cogumelos faz com que as suas proteínas sejam digeridas mais facilmente e é muito versátil.

Os cogumelos também podem ser conservados, sendo postos de molho em soluções avinagradas ou agridoces com diversas especiarias, por exemplo, cebolinho, canela, grãos de pimenta, folhas de louro, pimenta, estragão, grãos de mostarda, ou sendo esterilizados. Em ambos os casos devem ser primeiramente escaldados.

Especialmente fácil é a conservação através do congelamento. Os cogumelos de Paris devem ser limpos e congelados sem terem sido branqueados. Prestam-se para ser congelados especialmente os cogumelos com maior consistência.

Se quiser retirar depois apenas cogumelos afatiados, corte e coloque-os uns ao lado dos outros em cima de película aderente, cubra-os novamente com a película e a seguir outra camada de cogumelos. Guarde num recipiente hermético e deixe congelar durante um dia, depois pode transferi-los para um saco ou caixa próprios para o frigorífico.

Atenção! Não descongelar cogumelos congelados, mas preparar cogumelos congelados tal como os frescos.

Cultivar cogumelos
Cogumelos de cultivo
Pode cultivar os cogumelos silvestres no seu jardim. Procure sítios na sombra e compre os cogumelos que pretende cultivar numa loja especializada.

Cogumelos de Paris de cultivo
A sua consistência é branca, agradavelmente suave e de sabor amendoado. Os cogumelos comuns entre nós (cogumelos brancos de Paris) são derivados dos *agaricus* dos bosques. Ao comprá-los, deve prestar atenção à sua cor: compre só os brancos. Assim terão boa consistência, o chapéu ainda está fechado e frequentemente uma película ainda cobre o pé. Os cogumelos mais velhos criam uma espécie de pala, ficam rapidamente castanhos e esponjosos e não sabem bem. Não confunda este cogumelo velho com os cogumelos castanhos, que foram cultivados a partir do *agaricus silvaticus*. São chamados

também *agaricus*: estes têm um sabor mais acentuado e intenso que os colegas brancos, quando estão frescos, isto é, ainda consistentes e tendo o chapéu fechado. Os mais requintados são porém os mais consistentes, ligeiramente rosadas, os "cogumelos de Paris", cujo modelo foram outrora os condimentados *agaricus abruptibulbus*. Estes são muito apreciados em França. Infelizmente, entre nós são muito pouco frequentes.

Cogumelo *shiitake*
Chapéu escamoso castanho-escuro, caule bege, consistência quase branca, consistente e de paladar apurado. Com o seu sabor muito aromatizado e semelhante ao do alho-porro, são óptimos para pratos de arroz do Extremo Oriente e para aprimorar sopas e molhos. O pé fino deste cogumelo é frequentemente rijo. Tem de ser cortado com uma faca afiada. O cogumelo *shiitake* é também referido como "Rei dos Cogumelos", uma vez que tem muitas propriedades saudáveis. Ele evita o depósito de gordura nas artérias e por isso reduz o nível de colesterol, o que entretanto pode ser comprovado por vários testes clínicos.

Cogumelo ostra
O cogumelo ostra tem um aroma especial e consistência tenra e muito versátil. Tem 15 cm de diâmetro, à volta do chapéu enrolado em forma de concha e de cor cinza, azul-acinzentado ou verde acastanhado, na parte de dentro lamelas brancas. Grandes, os exemplares antigos são rijos.

Pleurotus eryngii
O *pleurotus eryngii* é um cogumelo aromático, saboroso e *al dente*. O seu paladar é semelhante ao dos cepes e é muito apreciado entre *gourmets*.

Cogumelos escamosos
O cogumelo escamoso é um cogumelo laminado com o chapéu castanho amarelado e rebordo mais escuro. A consistência do chapéu é branca e do caule castanha clara. Do caule ressalvam-se deliciosos pratos principais ou misturado com outros cogumelos.

Cogumelo *Mu Err*
Este cogumelo é de cultivo japonês, que na sua antiga forma cresce como "orelha-de-Judas" em ramos de sabugueiro. No Japão, há grandes institutos que o cultivam em culturas de madeira. Erroneamente é frequentemente designado de morquela chinês. De qualquer modo este cogumelo não tem absolutamente nada a ver com a família do morquela.

Apanhar cogumelos silvestres
Cogumelos venenosos e cogumelos comestíveis que não conheça, é melhor deixá-los sem tocar. Não os destrua! Apanhadores de cogumelos sem experiência giram os cogumelos cuidadosamente, retirando-os da terra (para um melhor reconhecimento), e tapam o buraco da terra. Os apanhadores, seguros de si, podem cortar o cogumelo rente ao chão.

Para recolher, utilize recipientes próprios e permeáveis ao ar, por exemplo, cestos de verga. Em sacos de plástico impermeáveis ao ar, os cogumelos ficam pisados, consequentemente não com muito bom aspecto e podem apodrecer rapidamente.

É melhor deitar logo fora cogumelos desconhecidos ou suspeitos, ou melhor ainda, nem sequer trazê-los.

Os apanhadores de cogumelos põem a segurança acima de tudo, por isso, caso vá apanhar cogumelos, dirija-se a alguma entidade de aconselhamento micológico, por exemplo, no centro de saúde local. Aqui os cogumelos intragáveis e venenosos serão seleccionados de forma perita. Em casa, espalhe logo os cogumelos e armazene-os num local arejado! Dado o seu elevado valor hídrico e proteico, os cogumelos formam a nutrição ideal para agentes putrefacientes.

Por norma, os cogumelos devem ser limpos cerca de 24 horas depois de terem sido apanhados, libertando-os de eventuais vermes, preparando-os ou conservando-os.

Se quiser guardar os cogumelos, de preferência num recipiente na zona dos legumes do seu frigorífico e não num saco de plástico.

Pratos com cogumelos podem ser aquecidos, se atentar no seguinte: congele os restos quanto antes, por exemplo, ponha a panela em banho-maria (água fria). Aqueça a refeição com cogumelos cuidadosamente acima dos 70° C.

Só há cogumelos silvestres no Outono?
Claro que não! Há cogumelos silvestres de Janeiro a Dezembro. Pode-se logo ir à procura de boletos em cepos. De Março a Abril, com um pouco de sorte encontram-se morquelas. De Maio a Junho, seguem as cepes de Verão e os cantarelos. A partir de Junho é que começa propriamente a época dos cogumelos. Crescem os cantarelos e vários tipos de boletos, etc. Em Julho desde que húmido, é também um bom mês de cogumelos. Entre outros, *suillus grevillei, lactarius deliciosus* e amanitas dos Césares. Em Agosto, começam a chegar os cogumelos do

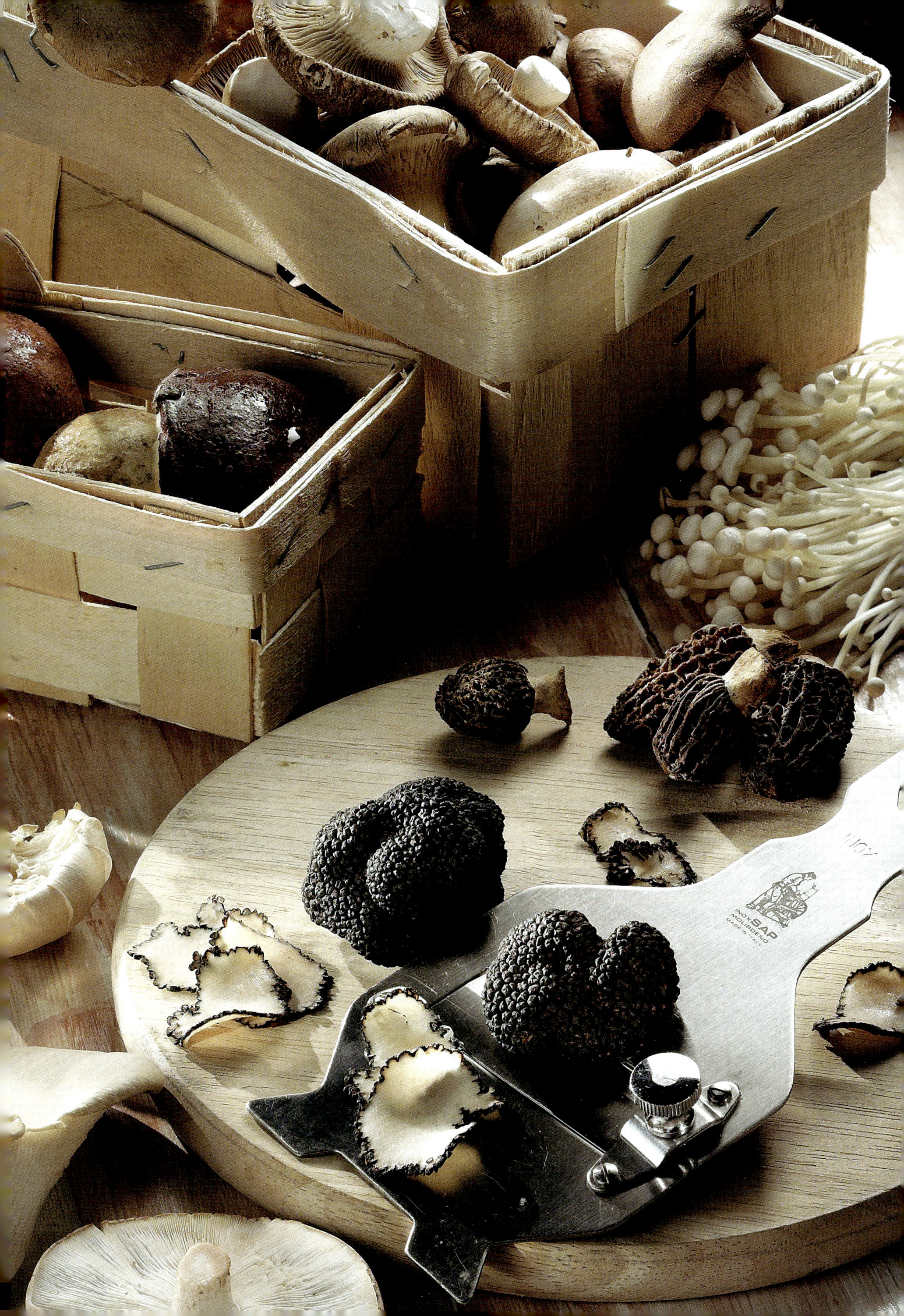

Outono, como as trombetas cantarelas, *sparassis crispa* e as armilárias. Em Setembro e Outubro chegam as trombetas de Outono e as trombetas da morte.

Cogumelos silvestres

Os cogumelos silvestres têm um aroma incomparável e se os apanhar uma vez, há-de querer voltar a apanhá-los novamente.

Cogumelos do bosque

Os verdadeiros cogumelos são reconhecidos facilmente. As lamelas estão separadas e são cor-de-rosa, castanhas claras ou castanhas. Em muitos bosques, podem ser encontrados tantos cogumelos que se enche um cesto num instante. Este cogumelo famoso presta-se também a ser seco, nomeadamente para aprimorar molhos.

Dica: Não os demolhe, mas esmigalhe as fatias secas do cogumelo e deixe apurar no molho.

Cogumelos de chapéu castanho da floresta têm claramente uma consistência vermelha. São bons para refeições. Em algumas regiões, os amanita rubecens e os amanitas cinzentos são erradamente designados de cogumelos da floresta.

Os **cogumelos brancos do bosque** não são amarelecidos e têm um anel muito retraído, a princípio as lamelas já são tingidas de rosa e exalam um cheiro muito agradável. Frequentemente são apanhados em grandes quantidades em campos e são muito apreciados.

Cogumelos brancos anisados (cogumelos picantes e outros) são amarelados e têm um acentuado cheiro a anis ou funcho. Crescem em campos ou florestas e detêm um distinto paladar. As lamelas dos cogumelos de anis novos são cinzentas claras.

O **amanita dos Césares** é um cogumelo distinto, pois só deve ser comido cru. Em mercados é de difícil aquisição e os apanhadores de cogumelos que sabem onde eles crescem não confiam o seu segredo a praticamente ninguém. O amanita dos Césares é tido como o cogumelo mais nobre à face da terra. O seu nome deve-se aos países mediterrânicos, pois o seu paladar esteve em Itália durante muito tempo reservado apenas ao imperador. Com alguma sorte, pode-se comprar o amanita dos Césares em bons mercados. Estes vêm na sua maioria de Itália.

O **cantarelo** é amarelo-torrado e quando novo arqueado, do pé ao chapéu. O cantarelo tem um paladar picante e é muito louvado entre simpatizantes de cogumelos. O cantarelo apresenta-se em diferentes tamanhos. Os preferidos são os médios. São um excelente acompanhamento para muitos pratos de carne, especialmente para bifes grelhados.

As **armilárias** chegam a crescer a uma centena num lugar, especialmente em troncos de faias. Tem de se ter cuidado ao cortar-se-lhe o chapéu.

Os **morquelas** (pantorras) têm um chapéu laranja-avermelhado afunilado e o caule pequeno é da mesma cor. O seu paladar é aromático, suave e temperado. A sua marca de referência é o seu leite laranja-amarelado. Prestam-se nomeadamente para refogados e assados.

Os morquelas são cogumelos tubulares com um chapéu cónico e uma superfície faviforme. O seu caule é oco. Na verdade, os morquelus crescem em quase todo o lado, em pinhais, em florestas de folha caduca e em ribanceiras. Mas os exemplares mesmo bons e aromáticos são a nosso ver difíceis de encontrar isolados. Os morquelas pontiagudos que sabem melhor são os castanhos ou os pretos. Os morquelas que servem para serem confeccionados têm uma cor clara castanha amarelada. Branqueados, servem para saladas e como guarnição de empadas, sopas e molhos e até recheados como entrada.

Tratando-se do paladar, poder-se-á dizer que o morquela é o rei entre os cogumelos secos. Os morquelas pontiagudos são comercializados sem caule, dado este ser frequentemente bichoso.

O **cogumelos do sol** é um cogumelo grande com um chapéu escamoso castanho e um caule longo, castanho e manchado. A sua consistência é branca e tem um paladar adocicado e de frutos secos. Só se utiliza o chapéu.

O *tricholum atacae* floresce debaixo de pinheiros e árvores de folha caduca, tanto em bosques como em florestas. Sabem melhor grelhados ou assados.

As **cepes** são, dependendo do local de florescimento, de castanho claro a castanho escuro e o seu interior é branco sabendo a frutos secos. O caule vai engrossando para baixo, adquirindo simultaneamente um tom mais esbranquiçado. Este nobre cogumelo, presente em quase toda a Europa, cresce entre nós de Maio a Setembro, especialmente em florestas de faias. Serve para marinadas em saladas, guarnição, empadas e tartes. Também gratinado em molho de natas ou esmagados crus.

As cepes secas prestam-se, depois de amolecidas, para distintos pratos com cogumelos, bem como para requintar sopas e molhos.

O **pé-de-cabra** é um cogumelo espinhoso (tem espinhos em vez de lamelas) e cresce entre Julho e Novembro em florestas. É um bom cogumelo para a cozinha, mas deve ser branqueado.

Os cogumelos **escamosos** "silvestres" são, exactamente como os seus parentes de cultivo, pequenos *cortinarius infractus*, com um chapéu amarelo acastanhado e o rebordo mais escuro. O interior do chapéu é branco e o do caule castanho claro. Só com o caule podem ser confeccionados pratos ou então misturado com outros cogumelos preferidos. Este cogumelo só deve ser apanhado por conhecedores, pois é facilmente confundido com outros semelhantes.

As **trombetas de Outono** têm uma forma de trombeta e um corpo esticado preto acinzentado. O chapéu e o caule entrelaçam-se. Este cogumelo aparece especialmente em florestas de faias. Como cogumelo seco tem um paladar condimentado e presta-se para requintar *ragouts* ou, cortados em pedaços pequenos, para misturar em pastéis.

As **trufas** são cogumelos tubérculos, que crescem debaixo da terra. São uma das iguarias mais caras e são raspados crus com um utensílio próprio para cima de muitas especialidades. Conferem um óptimo paladar especialmente a pratos de massa caseiros. Também como guarnição de pastéis, tartes e igualmente utilizado com fígado de ganso, saladas e molhos.

As **trufas** *Perigord* **negras** vêm dos bosques de trufas da região de *Perigord*, a leste de Bordéus. Há cães e porcos especialmente treinados para farejar estas trufas. Têm uma superfície fortemente verrugosa (cf. pág. 11) com um aroma do bosque incomparável.

As **trufas brancas do Piemonte** vêm da zona do Alba em Itália. Têm uma forma semelhante à da batata e consistência cinzenta esbranquiçada, fazendo lembrar ainda mármore amarelo. O cheiro e paladar lembram o alho e o queijo gorgonzola.

As **trufas castanhas e pretas** têm forma de tubérculo, uma forte superfície granulada e o seu interior é riscado por nervuras.

A **orelha-de-Judas** é um cogumelo em forma de concha, muito fininho e de consistência rija mas gelatinosa. Cresce em troncos de sabugueiros antigos, aceres e abetos. Muitas vezes são erroneamente apresentados como morquelas chineses. São comestíveis, mas rijos.

O *sparassis crispa* é um cogumelo muito grande, que se parece com uma esponja de banho ou uma couve-flor. A cor começa por ser branca, tornando-se depois amarelo ocre. Cresce na base de pinheiros ou em cima de troncos de pinheiro apodrecido. Um óptimo cogumelo para refeições, que faz lembrar o paladar dos morquelas e que é suficiente para 4 pessoas.

A **seta** é um cogumelo muito divulgado e conhecido da família dos boletos. Cresce de Junho a Outubro debaixo de pinheiros. Bom para pratos de cogumelos com ovos e chouriço ou então para aprimorar sopas, molhos e pratos de caça.

O *leccinum scabrum* aparece frequentemente debaixo de bétulas. É parente dos cepes e tem um sabor muito parecido. A parte migada e seca presta-se, depois de demolhada, ao refinamento de sopas e molhos.

O *mousseron* (*marasmius oreades*) é um cogumelo cheio de sabor, que se presta muito bem para sopas dado o seu aroma intenso.

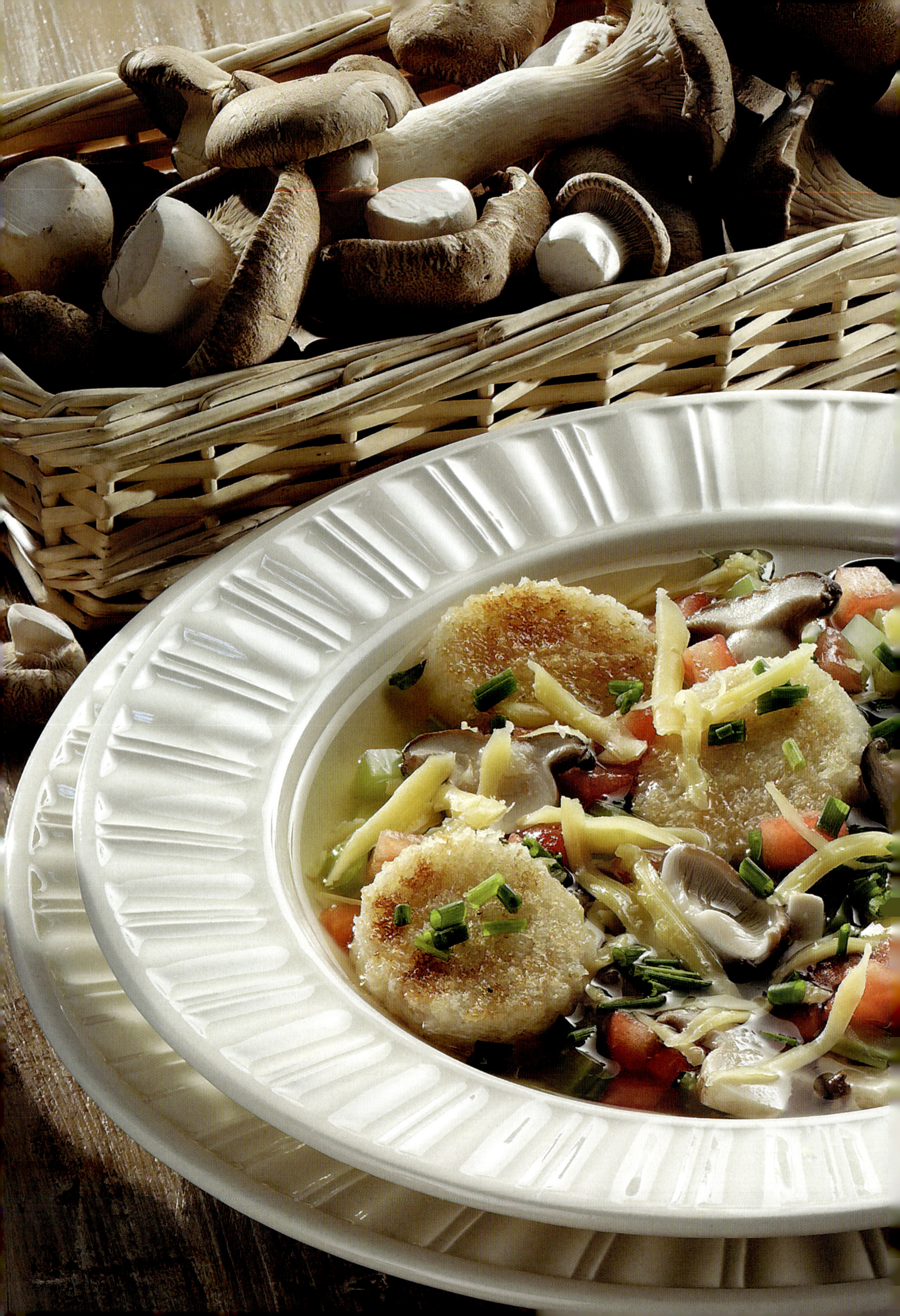

Sopas

"A sopa confere o primeiro conforto ao estômago ainda vazio", segundo Brillat-Savarin. Dispõe aqui de cheiros sedutores dos aromáticos cremes de cogumelos ou com os deliciosos cepes, cogumelos ostra ou cogumelos de Paris como guarnição da sua mesa e reconforto da sua alma.

Sopa vermelha de lentilhas com cepes

■ Para 4 pessoas

1 ramo de cebolinhas
3 colheres de sopa de óleo
200 g de lentilhas vermelhas
1 1/4 l de caldo de legumes (instantâneo)
350 g de cepes
20 g de manteiga
1 ramo de cerefolho
100 g de natas doces
1 colher de sopa de polpa de tomate
Sal
Pimenta
1 colher de chá de caril em pó

Tempo de preparação: aprox. 20 minutos (mais tempo de cozedura)

Por porção: aprox. 370 kcal / 1554 kJ 15 g P., 22 g G., 28 g H. c.

Dica
Pode substituir as cepes por amanitas dos Césares. O amanita dos Césares é um cogumelo distinto que pode ser comido praticamente cru. No mercado são difíceis de encontrar, mas não se preocupe, pois para qualquer efeito, há os cogumelos de Paris.

1 Limpar as cebolinhas, lavá-las e cortá-las em rodelas finas. Aquecer o óleo numa frigideira e adicionar as lentilhas, deixar refogar durante um minuto. Acrescentar as cebolinhas e deixá-las refogar conjuntamente durante 3 minutos. Regar com o caldo de legumes, deixar levantar fervura e cozer tudo durante 15 minutos.

2 Entretanto, limpar as cepes e cortá-las em fatias finas.

3 Deixar a manteiga espumar numa frigideira, misturar os cogumelos e deixá-los fritar durante 5 minutos. Lavar o cerefolho, sacudi-lo de modo a ficar seco e retirar as folhas. Reservar o cerefolho.

4 Mexer as natas e a polpa de tomate na sopa. Deixar cozer, temperando a gosto com sal, pimenta e caril em pó. Reduzir a sopa a puré e colocá-la num prato fundo.

5 Decorar o prato com as fatias de cogumelos e o cerefolho.

Sopa de cogumelos ostra

■ Para 4 pessoas

400 g de cogumelos ostra
1 chalota
30 g de manteiga
1 batata cozida
1 l de caldo de legumes (instantâneo)
125 ml de natas doces
5 pés de salsa e 5 de cerefolho
Sal
Uma pitada de noz--moscada

Tempo de preparação:
aprox. 20 minutos
(mais tempo de cozedura)

Por porção:
aprox. 205 kcal / 859 kJ
5 g P., 16 g G., 10 g H. c.

1 Limpar os cogumelos ostra, lavá-los e de acordo com o seu tamanho, cortar em pedaços. Descascar a chalota e picá-la finamente.

2 Aquecer a manteiga e refogar a chalota até esta ficar translúcida. Acrescentar os cogumelos e, mexendo sempre, deixar cozer durante 10 minutos. Descascar a batata, lavar e ralá-la finamente.

3 Adicionar a batata com o caldo aos cogumelos e deixar a sopa cozer durante 5 minutos. Verter as natas e deixar cozer conjuntamente.

4 Entretanto, lavar as ervas aromáticas, sacudi-las bem e picá-las finamente. Temperar a sopa com sal e noz-moscada raspada na altura. Deitar para os pratos e polvilhar com as ervas.

Sopa francesa de cogumelos e queijo

■ **Para 4 pessoas**

250 g de cogumelos
2 aipos
1 chalota
80 g de manteiga
1 dente de alho
1 l de um bom caldo de carne
3 pés de tomilho fresco
Sal
Pimenta
1 ramo de cebolinho
2 tomates
8 fatias pequenas de pão branco
250 ml de vinho branco seco
75 g de um queijo curado

Tempo de preparação:
aprox. 25 minutos
(mais tempo de cozedura)

Por porção:
aprox. 185 kcal / 776 kJ
11 g P., 4 g G., 23 g H. c.

1. Limpar e escovar bem os cogumelos, se possível sem lavá-los. Seguidamente cortá-los em fatias muito finas. Lavar e cortar o aipo em cubos, descascar a chalota e cortá-la em cubos igualmente.

2. Deixar a manteiga espumar numa panela e refogar aí o aipo e a chalota. Descascar o dente de alho e espremê-lo lá para dentro. Verter o caldo de carne quente e deixar cozer. Lavar o tomilho, sacudi-lo e reservar metade.

3. Juntar o resto do tomilho com sal e pimenta à sopa e deixar cozer tudo lentamente não tapando a panela. Adicionar os cogumelos afatiados e deixar a sopa cozer durante mais 10 minutos.

4. Lavar o cebolinho, sacudi-lo e cortá-lo em anéis. Escaldar os tomates com água a ferver, retirar-lhes a pele e as sementes. Cortar os tomates em cubos e reservar de parte.

5. Tostar as fatias de pão branco e reparti-las por 4 pratos de sopa. Incorporar o vinho na sopa, deixando-a cozer. De seguida, deitar a sopa sobre as fatias de pão.

6. Retirar as restantes folhas de tomilho e espalhá-las na sopa, bem como o cebolinho. Juntar os cubos de tomate, ralar o queijo por cima e servir imediatamente.

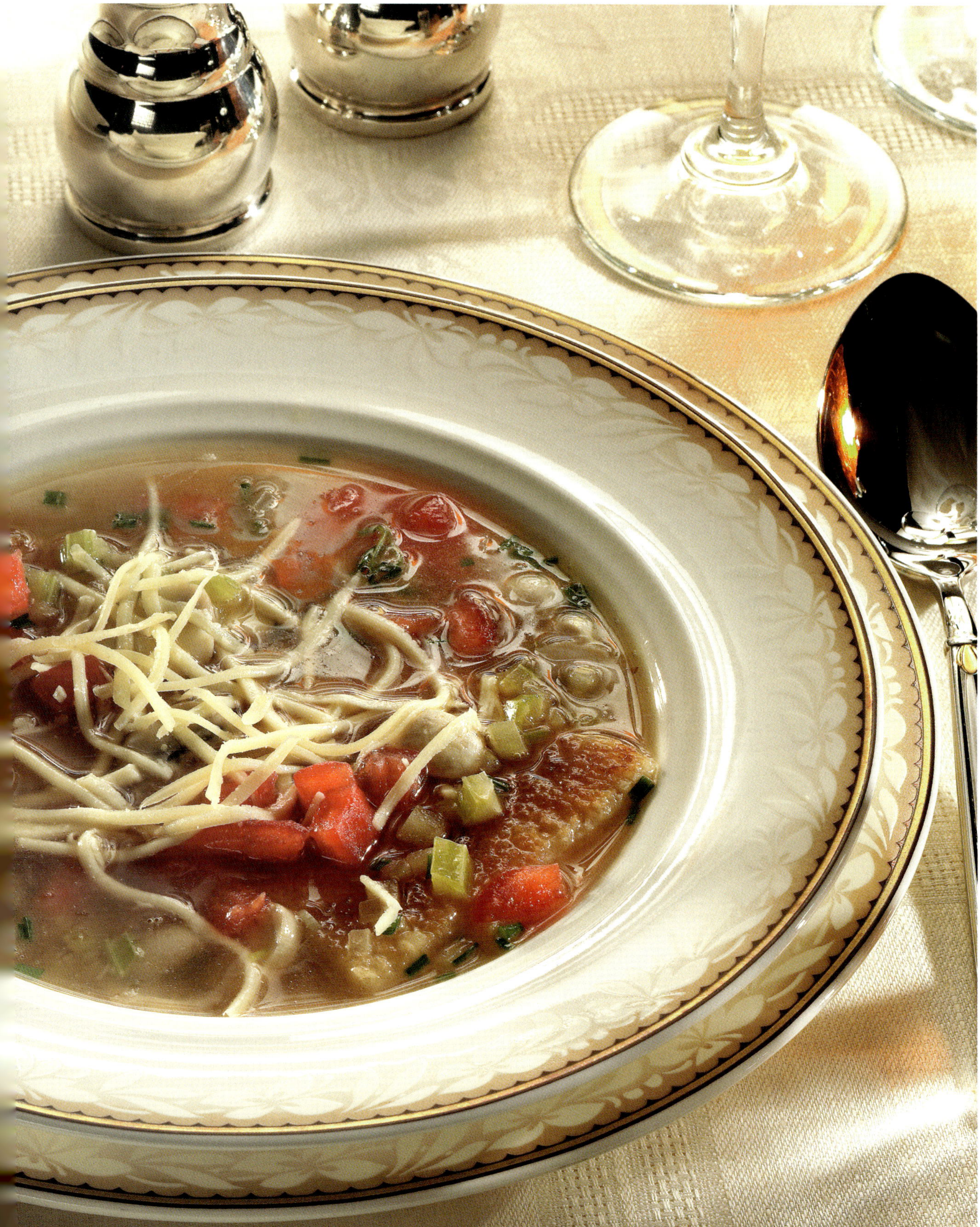

Sopa de batata com cepes

■ **Para 4 pessoas**

500 g de batata
1 combinado para a sopa (1/2 aipo, 1 talo de alho-porro, pés de salsa, 2 ou 3 cenouras)
1 cebola
40 g de manteiga
1 colher de chá de manjerona
800 ml de caldo de legumes (instantâneo)
300 g de cepes ou cogumelos da floresta
1 colher de sopa de óleo
Sal, pimenta
1 colher de sopa de sumo de limão
200 g de natas doces
Noz-moscada
2 colheres de sopa de folhas de cerefolho

Tempo de preparação: aprox. 25 minutos (mais tempo de cozedura)

Por porção:
aprox. 310 kcal / 1302 kJ
7 g P., 21 g G., 24 g H. c.

Dica
Alguns apanhadores de cogumelos especializam-se apenas em cepes, pois há sítios onde estes estão muito bem representados. Com o seu caule em forma de clava são facilmente reconhecidos.

1 Descascar a batata, o combinado para a sopa e a cebola, lavá-los e cortá-los em cubos. Derreter sensivelmente metade da manteiga. Refogar aí os vegetais e acrescentar a manjerona.

2 Regar com o caldo e deixar cozer durante cerca de 30 minutos até os legumes estarem tenros. Entretanto limpar os cogumelos e cortá-los em fatias finas.

3 Aquecer, numa outra panela, a restante manteiga juntamente com o óleo. Fritar os cogumelos durante cerca de 5 minutos e temperar com sal e pimenta.

4 Reduzir a sopa a puré, temperando-a com sal, pimenta e noz-moscada e deixar cozer mais 10 minutos. Acrescentar o sumo de limão e as natas batidas. Servir a sopa com os cogumelos e o cerefolho.

1. Cortar em cubos o combinado para a sopa.
2. Refogar os legumes.
3. Regar com o caldo.

Creme de cepes

■ Para 4 pessoas

300 g de pés de cepes
2 chapéus grandes de cepes
1 cebola
40 g de manteiga
750 ml caldo de galinha (instantâneo)
300 ml leite
2 gemas de ovo
2 colheres de sopa de *crème fraîche*
Sal
Noz-moscada raspada na altura
2 colheres de sopa de salsa picada

Tempo de preparação: aprox. 20 minutos (mais tempo de cozedura)

Por porção:
aprox. 164 kcal / 689 kJ
10 g P., 11 g G., 7 g H. c.

Dica
Os principiantes devem provar uma fatia do pé da cepe ao apanhar cepes, pois estes são facilmente confundidos com os boletos amargos *(tylopius felleus)*. Um boleto destes num prato misturado com outros cogumelos torna-o intragável!

1 Limpar e esfregar os pés dos cogumelos, cortando-os em pedaços. Cortar os chapéus dos cogumelos em fatias muito finas. Descascar a cebola e picá-la. Aquecer a manteiga numa frigideira e refogar a cebola até ficar translúcida. Juntar os pedaços de cogumelos e salteá-los durante 10 minutos, regar com o caldo e deixar cozer durante 3 minutos. Tirar a sopa do fogão e reduzi-la a puré.

2 Voltar a pôr a sopa ao lume e adicionar o leite e as fatias de cogumelos. Deixar apurar durante 15 minutos. Retirar a panela do fogão. Misturar o *crème fraîche* com as gemas e acrescentar à sopa, mexendo sempre. Estando já a sopa homogénea, não voltar a pô-la no fogão.

3 Temperar com sal e noz-moscada raspada na altura. Colocar a sopa no prato e espalhar a salsa por cima.

Sopa encorpada de cogumelos com agrião

■ Para 4 pessoas

200 g de cantarelos
200 g de cepes
2 chalotas pequenas
1 talo pequeno de alho francês
40 g de manteiga
2 colheres de sopa de farinha
1 colher de sopa de sumo de limão
750 ml de caldo de peixe (instantâneo)
Sal e pimenta
Um pouco de noz-moscada
1–2 fatias de pão escuro
2 colheres de sopa de queijo ralado
1 caixinha de agriões

Tempo de preparação:
aprox. 25 minutos
(mais tempo de cozedura)

Por porção:
aprox. 87 kcal / 364 kJ
6 g P., 5 g G., 6 g H. c.

1. Limpar os cogumelos. Cortar as cepes em fatias finas. Descascar as chalotas e cortá-las aos cubos. Lavar o alho-francês e cortá-lo em argolas.

2. Aquecer a manteiga numa panela. Refogar as chalotas até estarem translúcidas. Juntar o alho-francês e deixar refogar durante 6 minutos. Acrescentar os cogumelos e deixar cozer mais 5 minutos.

3. Polvilhar com a farinha e mexer constantemente até suarem. Regar com o sumo de limão e o caldo de carne e deixar ferver. Temperar com noz-moscada e pimenta moída na altura.

4. Tostar o pão escuro e espalhar o queijo ralado por cima. Gratinar antes de servir e cortá-lo em triângulos. Lavar os agriões. Decorar a sopa com o pão e agriões e servir imediatamente.

Dica

Se não for um conhecedor de cogumelos, só vá apanhar cogumelos com instruções muito precisas. Nem sempre os livros de micologia ajudam, uma vez que as cores da natureza são frequentemente diferentes.

Sopa de amêijoas e cogumelos coberta de massa folhada

■ **Para 4 pessoas**

350 g de massa folhada congelada
5 cebolinhas
1 talo de aipo
2 cenouras pequenas
150 g de boletos
200 g de cogumelos escamosos
2 colheres de sopa de manteiga
750 ml de leite
2 batatas cozidas
275 g amêijoas sem concha (de conserva)
Sal
Pimenta moída na altura
4 pés de tomilho
1 ovo
3 colheres de chá de sésamo
Farinha (para estender a massa)

Tempo de preparação:
aprox. 30 minutos
(mais tempo de cozedura)

Por porção:
aprox. 620 kcal / 2604 kJ
19 g P., 38 g G., 50 g H. c.

1 Descongelar a massa folhada e esticá-la em cima de um pouco de farinha. Pré-aquecer o forno a 250° C. Lavar as cebolinhas e o aipo e cortá-los miudamente. Lavar e descascar as cenouras e cortá-las em fatias fininhas.

2 Limpar os cogumelos, escovando-os com uma escova própria, de preferência sem os lavar. Cortar os boletos em fatias muito finas. Aquecer a manteiga numa frigideira. Saltear o aipo e as cenouras durante 2 minutos. Juntar os cogumelos e alourá-los até que saia um sumo. Colocar tudo numa panela.

3 Regar os cogumelos com leite e pô-los a cozer. Cortar as batatas em cubos pequenos. Deitar as batatas e as amêijoas na sopa e aquecê-la. Temperar a sopa com sal e pimenta moída na altura e deitar o preparado para 4 tigelas de sopa (que possam ir ao forno).

4 Lavar o tomilho, sacudi-lo e colocar um ramo em cada tigela. Pincelar os rebordos das tigelas com ovo batido. Cortar a massa em círculos com mais um centímetro que o diâmetro das tigelas.

5 Colocar os círculos de massa sobre a tigela e colar bem os rebordos. Pincelar igualmente esta cobertura de massa folhada com ovo batido. Espalhar o sésamo por cima e colocar no forno pré-aquecido a 225° C e deixar assar durante 35 minutos, até a massa estar dourada.

25

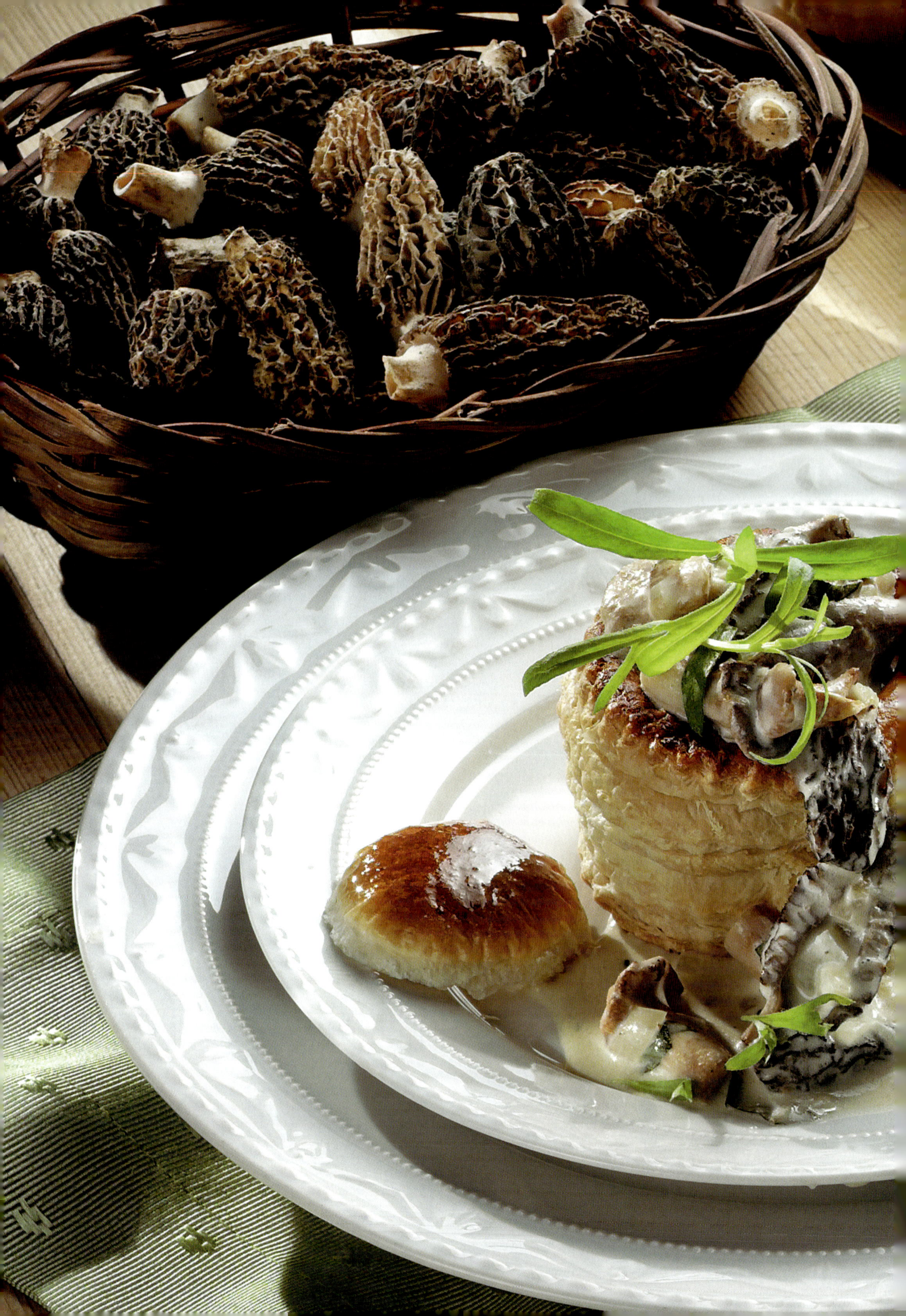

Entradas

Com um magnífico aroma, os cogumelos podem consistir entradas de sonho tanto como *Morilles à la crème*, marinados com pimenta verde ou como cogumelos estaladiços. É indiferente que se trate de cantarelos amarelos reluzentes, morquelas ou trufas com o perfume da terra, cujo aroma enleva os conhecedores, todos eles são um majestoso prelúdio de uma refeição.

Morquelas em tostas

■ Para 4 pessoas

300 g de morquelas frescos
50 g de manteiga
1/2 ramo de salsa e 1/2 de cerefolho
Sal
Pimenta
1 gema de ovo
2 colheres de natas doces
4 fatias de pão de forma
Um pouco de manteiga de ervas

Tempo de preparação:
aprox. 15 minutos
(mais tempo de cozedura)

Por porção:
aprox. 144 kcal / 604 kJ
4 g P., 8 g G., 13 g H. c.

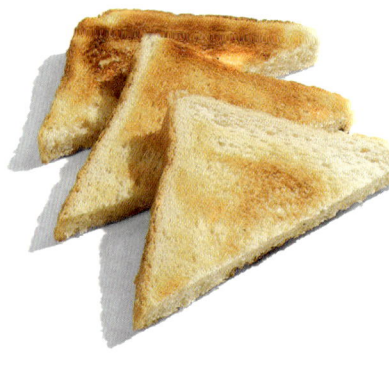

1 Limpar os morquelas removendo-lhes os caules. Passar os morquelas por água corrente cuidadosamente de modo a retirar toda a terra. Escorrê-los e cortá-los grosseiramente.

2 Aquecer a manteiga numa frigideira. Juntar os morquelas e deixá-los refogar cerca de 15 minutos com a panela fechada. Entretanto, lavar e picar as ervas aromáticas.

3 Temperar os morquelas com sal e pimenta moída na altura. Misturar a gema com as natas e incorporar os morquelas neste preparado. Retirar do lume e manter quente.

4 Tostar as fatias de pão de forma. Barrar o pão com os morquelas. Colocar uma pequena noz de manteiga em cima de cada fatia, espalhar as ervas aromáticas e servir imediatamente.

Cepes à francesa

■ Para 4 pessoas

500 g de cepes
3 tomates
4 cebolas
1 dente de alho
1 colher de sopa de óleo
20 g de manteiga
125 g de fiambre
Pimenta preta moída na altura
Sal
Folhas de alface para decorar

Tempo de preparação:
aprox. 20 minutos
(mais tempo de cozedura)

Por porção:
aprox. 103 kcal / 433 kJ
12 g P., 4 g G., 6 g H. c.

1. Limpar os cogumelos, escovando-os e cortá-los em fatias finas. Escaldar os tomates em água a ferver e seguidamente retirar-lhes a pele e as sementes, cortando-os depois em pequenos cubos.

2. Descascar as cebolas e o alho e picá-los. Aquecer o óleo e a manteiga numa frigideira. Saltear os cogumelos durante 3 minutos e de seguida juntar a cebola e o alho.

3. Deixar estufar durante 10 minutos. Entretanto cortar o fiambre em cubos e alourá-los numa outra frigideira. Acrescentar o tomate e aumentar o lume. Temperar tudo com sal e pimenta.

4. Colocar os cogumelos na frigideira do fiambre e misturar tudo. Lavar as folhas de alface e espalhá-las por cima dos cogumelos. Combina bem com pequenas batatinhas.

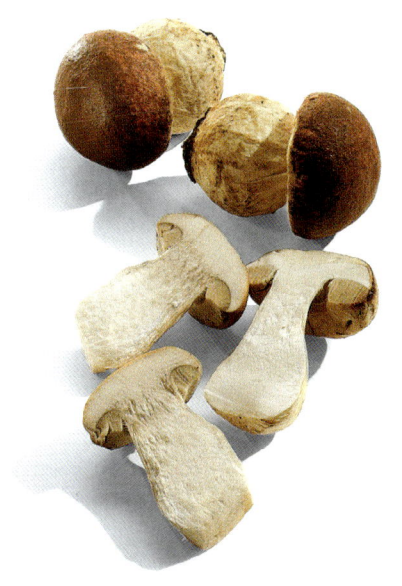

Cogumelos ostra marinados com pimenta verde

■ **Para 4 pessoas**

500 g de cogumelos ostra
100 ml de azeite
Sal
20 g de pimenta verde
500 ml de vinagre de vinho
6 pés de tomilho

Tempo de preparação:
aprox. 35 minutos
(mais tempo da marinada e do assado)
Por porção:
aprox. 109 kcal / 459 kJ
4 g P., 9 g G., 2 g H. c.

Dica

Os cogumelos ostra marinados podem ser preparados e mantidos alguns dias no frigorífico.

1 Limpar os cogumelos ostra, esfregando-as com uma escova própria e de preferência sem os lavar. Cortar ao meio os cogumelos grandes e deixar os pequenos inteiros. Aquecer 2/3 do azeite e alourar bem os cogumelos durante 4–6 minutos.

2 De seguida, retirar os cogumelos e colocá-los em cima de papel absorvente. Quando estiverem secos, deitar um pouco de sal e colocá-los num prato raso. Cobrir os grãos de pimenta verde com água a ferver. Deixar repousar um minuto. Deixá-los secar e esmagá-los com um garfo. Misturar os grãos de pimenta esmagados com o vinagre de vinho e o resto do azeite.

3 Descascar e picar o alho. Lavar o tomilho e retirar as folhas do pé. Deixar cerca de 1 colher de sopa com folhas de tomilho de reserva. Misturar o alho e as folhas de tomilho à marinada de pimenta.

4 Verter a marinada sobre os cogumelos ainda quentes e tapar o recipiente. Deixar repousar no frigorífico pelo menos 6 horas. Decorar os cogumelos com o resto das folhas de tomilho. Os cogumelos ostra marinados devem ser servidos à temperatura ambiente. Uma baguete estaladiça combina muito bem com este prato.

31

Cantarelos num clássico molho branco

■ Para 4 pessoas

500 g de cantarelos (cogumelos escamosos)
2 chalotas pequenas
40 g de manteiga
2 colheres de sopa de azeite
1 colher de sopa de farinha
1 colher de sopa de leite
Pimenta moída na altura
5 pés de salsa

Tempo de preparação:
aprox. 30 minutos
(mais tempo de cozedura)

Por porção:
aprox. 96 kcal / 404 kJ
3 g P., 9 g G., 2 g H. c.

1 Limpar os cantarelos, esfregando os com uma escova própria e de preferência sem os lavar. Descascar e cortar as chalotas em pequenos cubos

2 Aquecer a manteiga juntamente com o azeite numa frigideira. Alourar a chalotas. Juntar os cogumelos e deixar refogar durante 2–3 minutos, mexendo sempre.

3 Polvilhar com a farinha, verter o leite e mexer tudo muito bem até obter um molho cremoso e homogéneo. Temperar o molho com sal e pimenta moída na altura. Lavar e picar a salsa.

4 Arranjar os cantarelos polvilhados com salsa e servir quente. Uma baguete acompanha bem este prato.

1. Juntar os cantarelos.
2. Polvilhar com farinha.
3. Acrescentar o leite.

Morilles à la crème

■ **Para 4 pessoas**

500 g de morquelas
60 g de manteiga
Sal
Pimenta moída na altura
Sumo de 1/2 limão
200 g de *crème fraîche*
2 colheres de sopa de *cognac*
4 empadas de massa folhada (de compra)

Tempo de preparação:
aprox. 35 minutos
(mais tempo de cozedura)

Por porção:
aprox. 192 kcal / 807 kJ
3 g P., 18 g G., 3 g H. c.

1 Pré-aquecer o forno a 200° C. Deixar os morquelas durante 5 minutos em água fria e salgada para eliminar eventuais vermes. De seguida, lavar muito bem cada um. Secá-los cuidadosamente. Cortar ao meio os morquelas grandes.

2 Derreter a manteiga numa caçarola. Deitar os cogumelos e refogá-los durante 5 minutos, mexendo sempre. Temperar com sal e pimenta. Misturar o sumo de limão e deixar estufar durante 10 minutos em lume brando, mexer de vez em quando.

3 Acrescentar o *crème fraîche* e o *cognac* e mexer. Deixar ao lume até obter um molho cremoso.

4 Entretanto pôr as empadas de massa folhada no forno pré-aquecido e deixá-los assar durante 5 minutos. Deitar os morquelas com o molho para dentro das empadas e servir imediatamente.

Cogumelos estaladiços com dip de tomate e aneto

■ Para 4 pessoas

250 g de cogumelos variados (por exemplo cogumelos do bosque e da floresta)
100 g de farinha para panar
30 g de queijo *Cheddar* ralado na altura
1 colher de sopa de colorau
2 claras

Ingredientes para o *dip*:
4 tomates maduros
125 g de queijo fresco
100 g de iogurte natural
1 ramo de aneto (picado)
1 dente de alho
Sal
Pimenta preta

Tempo de preparação:
aprox. 20 minutos
(mais tempo de cozedura)

Por porção:
aprox. 280 kcal / 1176 kJ
14 g P., 15 g G., 24 g H. c.

1 Limpar os cogumelos e cortar os pés demasiado grandes. Aquecer o forno a 190° C. Misturar a farinha com o queijo e o colorau num prato raso.

2 Bater as claras com um garfo. Passar os cogumelos pelas claras e depois pelo preparado para o panado. Colocar papel vegetal no tabuleiro de ir ao forno e aí arrumar os cogumelos já panados. Levar ao forno a 190° C e deixá-los assar durante cerca de 15 minutos até estarem castanhos e estaladiços.

3 Para o *dip*, escaldar o tomate, retirar-lhe a pele e as sementes e cortá-lo em pequenos cubos.

4 Misturar homogeneamente o queijo fresco com o iogurte e o aneto. Espremer e juntar o alho e mexer tudo. Temperar o *dip* com sal e pimenta. Misturar o tomate. Servir os cogumelos acompanhados pelo molho.

Crostata com boletos

■ **Para 4 pessoas**

300 g de farinha
200 g de manteiga
Pimenta preta moída na altura
Sal
500 g de boletos ou outra variedade de cogumelo
3 cebolas
6 colheres de sopa de vinho branco seco
1 ramo de salsa
150 ml de natas doces
Farinha para estender a massa e polvilhar a forma

Tempo de preparação: aprox. 25 minutos (mais tempo para fermentar e assar)

Por porção: aprox. 760 kcal / 3192 kJ
12 g P., 55 g G., 57 g H. c.

1 Amassar a farinha com 150 g de manteiga em pedaços, um pouco de pimenta, sal e eventualmente uma colher de sopa de água, até obter uma massa elástica. Formar uma bola com a massa e deixar repousar uma hora num local fresco.

2 Limpar os boletos, passá-los rapidamente por água e secá-los bem. Dependendo do tamanho, cortar os cogumelos grandes ao meio e em fatias não muito finas. Descascar as cebolas e cortá-las em rodelas.

3 Aquecer a restante manteiga e refogar a cebola até ficar translúcida. Juntar os cogumelos e salteá-los em lume forte, até que o líquido dos cogumelos evapore. Regar tudo com vinho e temperar com sal e pimenta e deixar apurar durante 10 minutos.

4 Pré-aquecer o forno a 175° C. Lavar a salsa e picá-la. Juntar às natas e deitar nos cogumelos. Tirar a panela do fogão e deixar esfriar. Forrar uma forma de tarte com papel vegetal. Amassar um pouco a massa e estendê-la na superfície de trabalho previamente polvilhada de farinha, até ser sensivelmente do tamanho da forma.

5 Colocar a massa na forma e premir especialmente o rebordo. Picar a massa com um garfo. Dispor o molho de cogumelos sobre a massa, quando este já não estiver quente. Levar a *crostata* ao forno a 175° C durante 35–40 minutos até estar estaladiça.

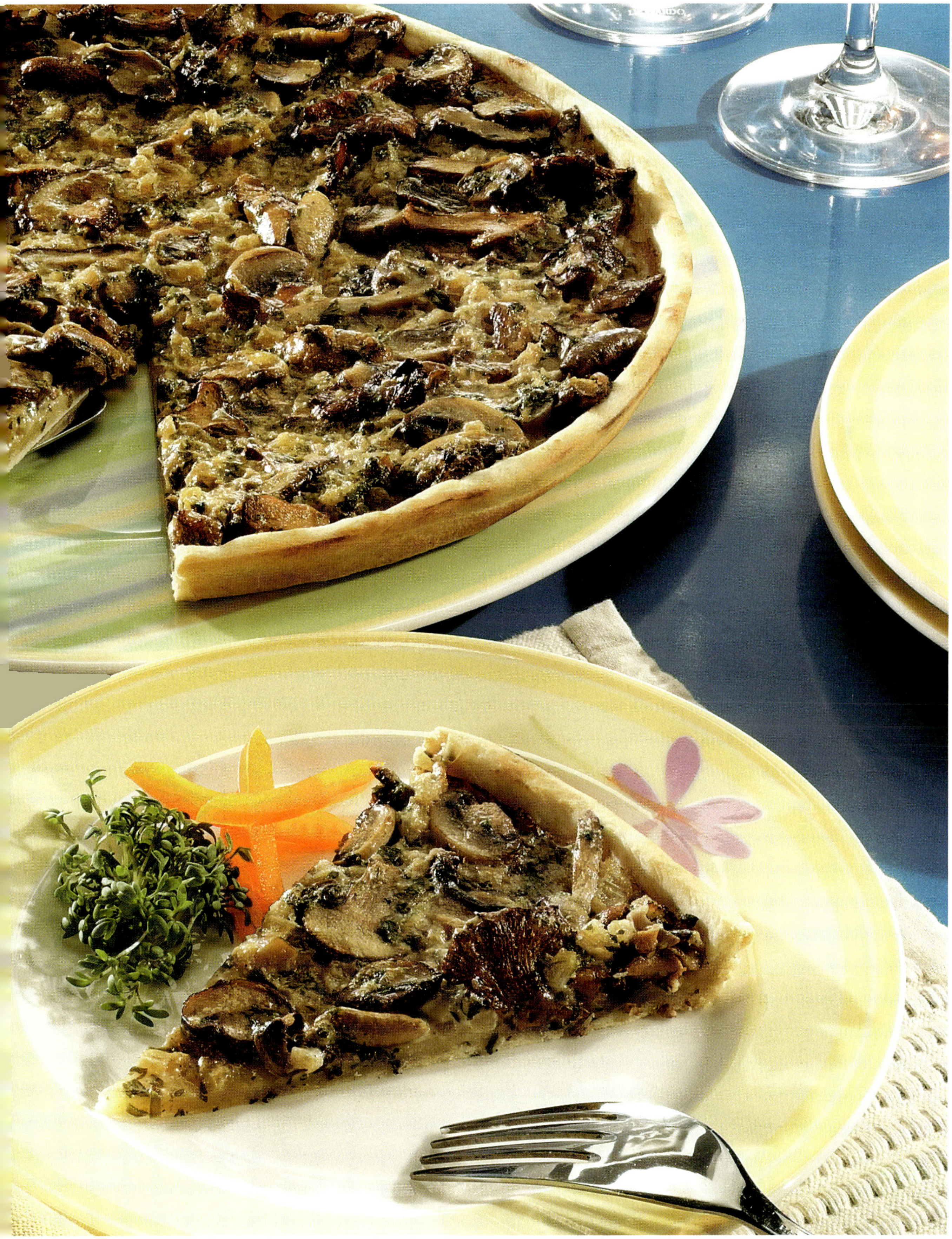

Cogumelos portobello à francesa

■ Para 4 pessoas

500 g de cogumelos portobello
3 chalotas pequenas
1 dente de alho
30 g de manteiga
2 colheres de óleo
250 ml de champanhe ou vinho branco
Pimenta preta moída na altura
Sal
Caril em pó
Açúcar
2–3 colheres de sopa de *crème double*
Salsa picada

Tempo de preparação:
aprox. 15 minutos
(mais tempo para assar)

Por porção:
aprox. 169 kcal / 708 kJ
4 g P., 15 g G., 3 g H. c.

1 Limpar os cogumelos portobello e eventualmente cortar a parte de baixo dos pés. Dependendo do seu tamanho, cortá-los.

2 Descascar e picar as chalotas e o alho e refogá-los na manteiga misturada com o óleo. Após 2 minutos, juntar os cogumelos e deixar refogar durante mais 4–5 minutos.

3 Regar com o champanhe ou o vinho branco. Temperar com pimenta moída, sal, caril em pó e uma pitada de açúcar. Deixar apurar em lume brando durante mais 12 minutos.

4 Pouco antes de servir, juntar o crème double. Polvilhar com salsa picada e servir.

1. Cortar os cogumelos portobello.
2. Juntar os cogumelos e deixar refogar durante 4-5 minutos. 
3. Regar com champanhe ou vinho.

Empadinhas com ragout de cogumelos e estragão

■ Para 4 pessoas

2 chalotas
400 g de cogumelos variados (limpos e cortados às fatias)
40 g de manteiga
400 ml de caldo de legumes
Amido q. b.
1 colher de sopa de mostarda
Sal
Pimenta preta
150 g de *crème fraîche*
4 empadas em massa folhada (de compra)
5–8 pés de estragão

Tempo de preparação: aprox. 25 minutos (mais tempo de cozedura)

Por porção:
aprox. 163 kcal / 684 kJ
6 g P., 14 g G., 4 g H. c.

1. Pré-aquecer o forno a 200° C. Descascar as chalotas e cortá-las em cubos. Limpar os cogumelos e cortá-los às fatias. Refogar as chalotas em manteiga até ficar translúcida. Juntar os cogumelos e deixar apurar até os seus líquidos evaporarem.

2. Regar com o caldo e deixar ao lume. Misturar um pouco de amido com água e dissolver a mostarda. Juntar ao *ragout* de cogumelos e temperar com sal e pimenta. Acrescentar o *crème fraîche* e deixar apurar.

3. Pôr as empadinhas no forno a 200° C até estarem tostadas. Lavar o estragão, retirar as folhas dos ramos e picá-las.

4. Aprimore o *ragout* de cogumelos com o estragão e reserve algumas folhas para decorar o prato. Rechear as empadinhas com o *ragout* e decorar com o estragão.

Rolinhos de cantarelos

■ Para 4 pessoas

200 ml de leite
3 ovos
50 g de farinha
40 g de manteiga
400 g de cantarelos
1 cenoura pequena
50 g aipo
2 chalotas
1 dente de alho
2 colheres de sopa de óleo
1 ramo de salsa
Pimenta
Farinha
Pão ralado para panar
Banha para fritar

Tempo de preparação: aprox. 35 minutos (mais tempo para assar)

Por porção:
aprox. 325 kcal / 1365 kJ
13 g P., 24 g G., 15 g H. c.

1 Misturar homogeneamente o leite com os 2 ovos, a farinha, a manteiga amolecida e uma pitada de sal. Deixar este preparado repousar 15 minutos e de seguida assar finos crepes em pouca banha.

2 Limpar os cantarelos e cortá-los em pequenos pedaços. Lavar os legumes e cortar em tirinhas. Descascar as chalotas e o alho, cortá-los em cubinhos e refogá-los em azeite até estarem translúcidos.

3 Acrescentar os cantarelos, a cenoura e o aipo e deixá-los cozer um pouco. Adicionar a salsa e temperar com sal e pimenta. Dividir o recheio pelos crepes e enrolá-los.

4 Seguidamente passar um por um por farinha, ovo batido e pão ralado. Aquecer um pouco de banha e dourar os crepes até estes obterem uma cor castanha dourada. Cortar os crepes às fatias e servir. Uma salada de alface e tomate combina muito bem com este prato.

Empada de cogumelos do bosque no forno

■ **Para 4 pessoas**

1 pacote de massa folhada congelada
500 g de cogumelos do bosque variados
40 g de manteiga
2 ovos
2 cebolas
1 dente de alho
250 g de carne picada mista
3 colheres de sopa de salsa picada fresca
Sal
Pimenta
Farinha

Tempo de preparação: aprox. 30 minutos
(mais tempo de cozedura)

Por porção:
aprox. 343 kcal / 1439 kJ
20 g P., 26 g G., 9 g H. c.

1. Descongelar a massa folhada. Pré-aquecer o forno a 200° C.

2. Limpar os cogumelos e cortá-los aos quartos. Aquecer a manteiga numa panela grande e deitar os cogumelos, mexendo sempre durante 5 minutos até que refoguem. Tirar os cogumelos da panela e reservá-los. Separar as claras das gemas. Descascar e cortar as cebolas e o alho em cubos.

3. Numa tigela, misturar a cebola e o alho com a carne picada, as gemas e a salsa cuidadosamente com uma espátula. Temperar este preparado com sal e especialmente pimenta. Bater as claras em castelo e envolvê-las no preparado da carne.

4. Estender a massa folhada em cima de uma superfície enfarinhada de forma tão esticada quanto possível, de modo a que quando o tabuleiro seja colocado, ainda haja massa suficiente para o cobrir. Forrar o tabuleiro com a massa folhada.

5. Rechear com a carne picada e cobrir tudo com a massa folhada restante. Premir bem o rebordo da massa folhada. Tapar o tabuleiro e colocar a empada no forno a 200° C e deixar assar durante uma hora sensivelmente.

6. Deixar a empada repousar durante 5 minutos e desenformá-la. Servir cortada às fatias, tanto fria como quente. Este prato combina bem com salada de pepino.

Dica
Servir esta empada como um jantar ligeiro, acompanhado por pão escuro e um molho de mostarda picante.

43

Crostini com trufas negras

■ Para 4 pessoas

1 dente de alho
2 colheres de sopa de grãos de pimenta verde
250 g de fígado de galinha
20 g de trufas negras
3 colheres de sopa de azeite extra virgem
1 colher de sopa de aguardente
Sumo de 1/2 limão
Sal
Pimenta
4 fatias de pão

Tempo de preparação: aprox. 15 minutos
(mais tempo de cozedura)

Por porção:
aprox. 197 kcal / 827 kJ
13 g P., 12 g G., 10 g H. c.

1 Descascar o alho e esmagá-lo juntamente com os grãos de pimenta num almofariz, até obter uma pasta. Lavar o fígado de galinha e cortá-lo aos bocadinhos.

2 Limpar as trufas e cortá-las em pedacinhos. Aquecer o azeite numa frigideira, saltear o fígado e as trufas durante 5 minutos, mexer cuidadosamente.

3 Juntar a pasta e deixar ferver tudo mais 2 minutos. Regar com a aguardente e o sumo de limão. Temperar com sal e pimenta.

4 Tostar o pão. Barrar o pão com o preparado e cortá-lo em bocados mais pequenos. Servir imediatamente.

1. Esmagar o alho e os grãos de pimenta, obtendo uma pasta.

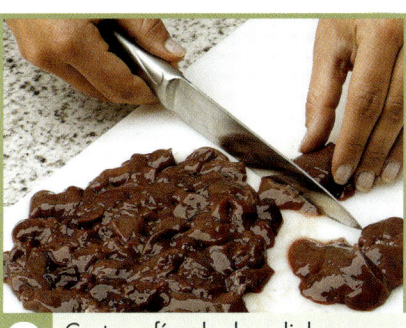

2. Cortar o fígado de galinha em bocadinhos.

3. Limpar as trufas e cortá-las em pequenos pedaços.

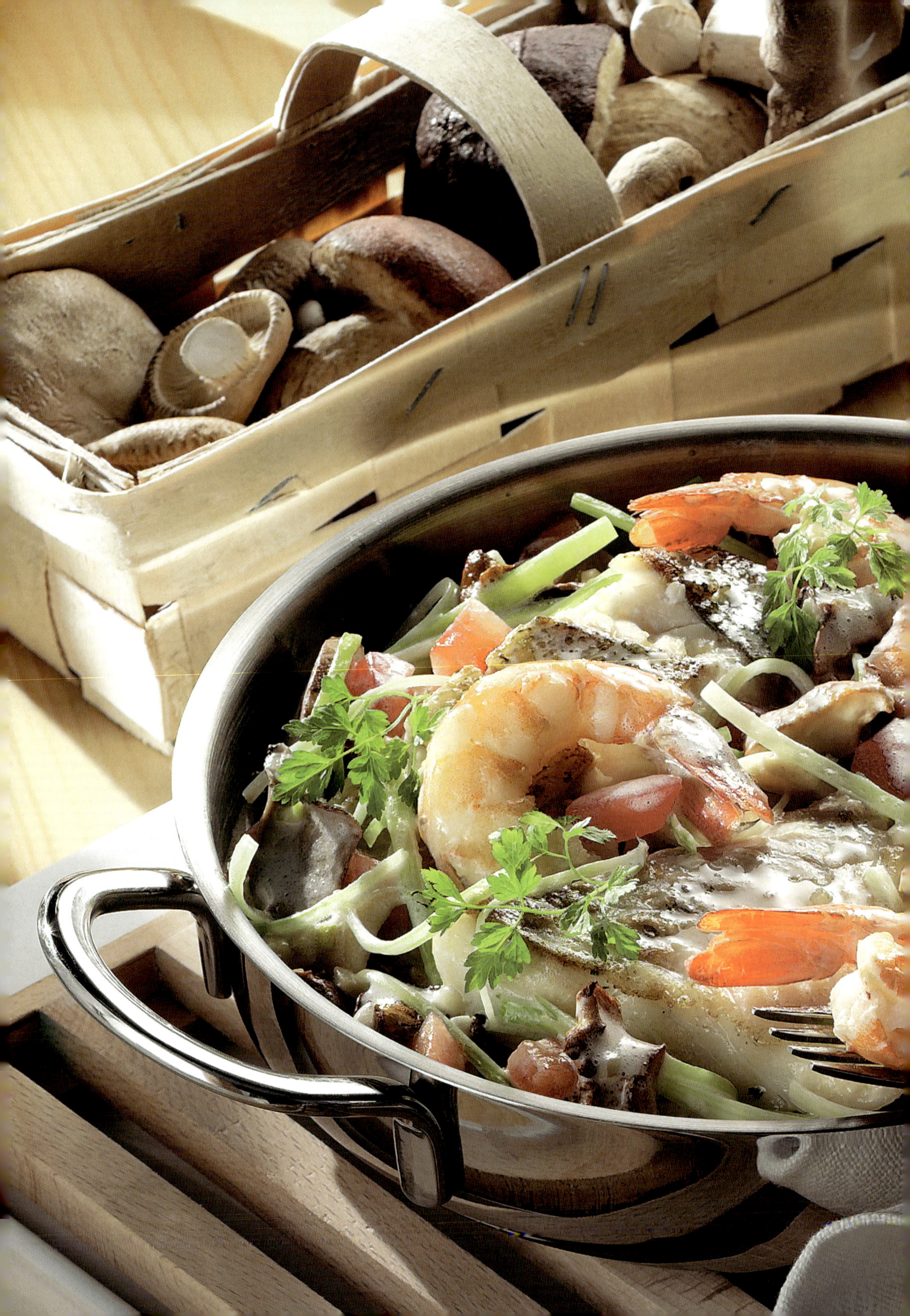

Peixe e marisco

Cogumelos creme e trombetas de Outono,
morquelas e cogumelos *shiitake* combinam
deliciosamente com o linguado,
peixe vermelho, salmão, camarão e amêijoas.
Com cogumelos é indiferente que se trate
de peixes de água doce ou salgada
ou mesmo de marisco, pois todas
as iguarias saem aprimoradas!

Peixe vermelho com cogumelos creme

■ Para 4 pessoas

2 cebolas
2 dentes de alho
500 g de cogumelos creme
Sumo de 1/2 limão
3 colheres de sopa de manteiga
4 colheres de sopa de salsa picada
200 g de queijo fresco com ervas
5 colheres de sopa de natas
Sal
Pimenta branca moída na altura
1 gema de ovo
800 g de filetes de peixe vermelho
Manteiga q. b. para a forma

Tempo de preparação:
aprox. 15 minutos
(mais tempo de cozedura)

Por porção:
aprox. 478 kcal / 2006 kJ
48 g P., 29 g G., 6 g H. c.

1 Descascar e picar a cebola e o alho. Limpar os cogumelos e cortá-los às fatias. Regar com metade do sumo do limão. Pré-aquecer o forno a 220° C.

2 Refogar a cebola até ficar translúcida e juntar os cogumelos deixando refogar durante mais 3 minutos. Misturar a salsa com o queijo fresco e as natas com os cogumelos.

3 Temperar o preparado com sal, pimenta e um pouco de sumo de limão. Engrossar o molho com uma gema de ovo. Lavar o peixe, limpá-lo e temperá-lo com sal e pimenta.

4 Barrar um pirex com manteiga, colocar o peixe e deitar o molho por cima. Levar ao forno, já pré-aquecido a 220° C, durante 10 minutos, de modo a que asse bem. Desligar o forno e manter o peixe lá dentro por mais 5 minutos.

Lucioperca estufada com cogumelos do bosque

■ **Para 4 pessoas**

800 g de filetes de lucioperca com pele (pronto a cozinhar)
Sal
Pimenta
500 g de cogumelos brancos pequenos
200 ml de *sherry*
200 ml de caldo de legumes
300 g de manteiga
200 ml de *crème fraîche*
4 cl de *cognac*

Tempo de preparação:
aprox. 10 minutos
(mais tempo para assar)

Por porção:
aprox. 760 kcal / 3192 kJ
44 g P., 59 g G., 3 g H. c.

Dica

Os cogumelos devem ser sempre preparados frescos. O melhor teste, para verificar se os cogumelos estão bons ou não, continua a ser o nariz. Em caso de cheiro desagradável, deitar os cogumelos fora, imediatamente!

1 Pré-aquecer o forno a 225° C. Lavar os filetes de lucioperca e temperá-los com sal e pimenta. Limpar os cogumelos e dispô-los num tabuleiro e colocar o peixe por cima.

2 Regar o caldo de legumes com *sherry*. Colocar metade da quantidade de manteiga, em pequenas nozes, sobre o peixe. Pôr o tabuleiro no forno e deixar assar durante cerca de 20 minutos a 225° C. De vez em quando regar com o *sherry*.

3 Retirar o peixe e os cogumelos bem escorridos para outro recipiente, mantendo-os quentes. Deixar cozer o caldo do assado em fogo forte de modo a que seja reduzido a metade. Adicionar o *crème fraîche* e envolvê-lo em lume brando.

4 Tirar do fogão o resto da manteiga batida. Temperar o molho com *cognac*, regar o peixe e servir.

Rodovalho com trombetas de Outono

■ Para 4 pessoas

2 chalotas
100 ml de caldo de peixe
250 ml de vinho branco seco
5 grãos de pimenta preta
Sal
Um ramo de ervas aromáticas
800 g de filetes de rodovalho
1 colher de chá de vinagre de vinho branco
5 cebolinhas
300 g de trombetas de Outono ou cogumelos com escamas
2 tomates
40 g de manteiga
100 g de *crème fraîche* com pimenta branca
1 gema de ovo

Tempo de preparação: aprox. 20 minutos
(mais tempo de cozedura)

Por porção:
aprox. 380 kcal / 1596 kJ
38 g P., 22 g G., 6 g H. c.

Dica

Deixar os cogumelos secar um pouco. Os cogumelos secos podem ser guardados e antes de serem utilizados, pô-los de molho em água fresca, ao prepará-los devem ser cortados em pedacinhos.

1. Descascar as chalotas e cortá-las ao meio, pô-las a cozer no caldo de peixe misturado com o vinho, grãos de pimenta e o sal. Lavar o ramo de ervas aromáticas, picar metade dele e reservar o resto.

2. Deitar metade das ervas no caldo e deixar cozer ao lume durante 20 minutos até levantar fervura. Lavar os filetes de peixe, temperá-los com sal, pincelá-los com vinagre e deixar repousar durante 10 minutos.

3. Lavar entretanto as cebolinhas e cortá-las em argolas. Limpar os cogumelos e cortá-los em fatias finas. Picar o resto das ervas. Escaldar o tomate, retirar-lhe a pele e as sementes e cortá-lo aos cubos.

4. Colocar o peixe sobre uma peneira e colocar esta sobre a panela em ebulição durante 5 minutos e depois mantê-lo quente. Coar o líquido e reduzi-lo a metade em lume forte.

5. Refogar as cebolinhas em manteiga até estarem translúcidas e saltear os cogumelos até os seus líquidos evaporarem. Envolver o *crème fraîche* e deixar cozer.

6. Acrescentar o caldo do peixe, mexer e temperar com sal e pimenta. Engrossar o molho com uma gema. Colocar o rodovalho num prato, regar com o molho e espalhar ervas frescas e cubinhos de tomate.

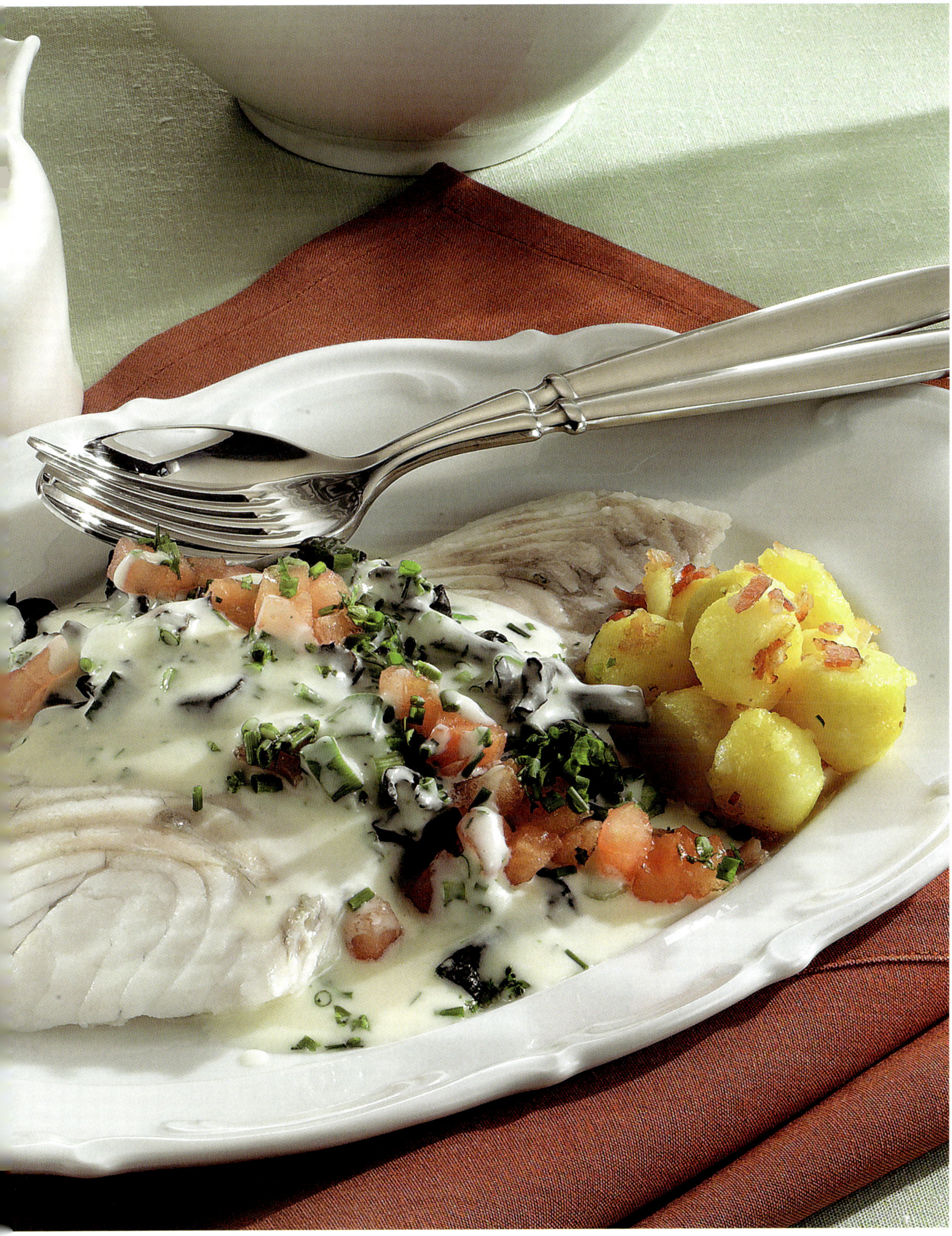

Bifes de atum grelhados com cogumelos shiitake e legumes

■ Para 4 pessoas

4 bifes de atum fresco (175 g cada)
Sal
150 ml de molho de soja
175 g de cogumelos *shiitake*
225 g de rábano
1 cenoura

Tempo de preparação: aprox. 25 minutos (mais tempo para marinar)

Por porção: aprox. 435 kcal / 1827 kJ
42 g P., 27 g G., 8 g H. c.

Dica
Cogumelos muito aromáticos podem ser também condimentados. De qualquer modo deve ter-se cuidado com os temperos. Por norma, sal e pimenta são suficientes.

1 Lavar os bifes de atum e escorrê-los. Esfregar com sal e deixar repousar durante 20 minutos. Lavar, escorrer e cortar os cogumelos às fatias.

2 Deitar o molho de soja em cima do peixe e dos cogumelos e deixar a marinar durante mais 20 minutos.

3 Ligar o forno com grelha a 180° C. Tirar o peixe da marinada, deixá-lo escorrer e pô-lo na grelha.

4 Deitar a marinada numa panela e deixar cozer em lume brando durante 4 minutos.

5 Lavar, descascar e ralar a cenoura e o rábano. Servir os bifes de atum com os cogumelos e os legumes. Arroz combina muito bem com este prato.

1. Esfregar os bifes de atum com sal e deixar repousar durante 20 min.

2. Cortar os cogumelos shiitake às fatias.

3. Regar o peixe e os cogumelos com molho de soja.

53

Bife de salmão com estragão e cogumelos

■ Para 4 pessoas

4 bifes de salmão (200 g cada)
50 g de manteiga
250 g de cogumelos variados (por exemplo *shiitake* e cogumelos ostra)
1 chalota
200 g de caldo de legumes
2 colheres de chá de amido
1/2–1 colher de chá de mostarda
4 colheres de sopa de *crème fraîche*
3 ramos de estragão
1 colher de chá de vinagre de vinho branco
Sal
Pimenta-de-caiena

Tempo de preparação: aprox. 10 minutos (mais tempo de cozedura)

Por porção: aprox. 400 kcal / 1680 kJ
39 g P., 27 g G., 1 g H. c.

1 Lavar o peixe. Aquecer metade da manteiga, dourar o salmão de ambos os lados e mantê-lo quente. Limpar os cogumelos e de acordo com o seu tamanho cortá-los.

2 Descascar e picar as chalotas e refogá-las na restante manteiga. Acrescentar os cogumelos e refogá-los até suarem. Regar com o caldo e deixar apurar durante mais 3–5 minutos.

3 Dissolver o amido num pouco de água, acrescentar a mostarda e juntar os cogumelos. Envolver o *crème fraîche*.

4 Lavar o estragão, retirar as folhas dos pés e picá-las. Temperar o molho com vinagre, sal e pimenta e deitá-lo em cima do salmão. Com este prato combinam batatas e salada.

Ragout de peixe com cogumelos

■ Para 4 pessoas

3 chalotas
250 ml caldo de galinha
125 ml de vinho branco seco
200 g de juliana congelada
Sal
5 grãos de pimenta
300 g de filetes de peixe
250 g de cogumelos
30 g de manteiga
20 g de farinha
1 colher de sopa de sumo de limão
Tabasco
Pimenta
200 g de natas
1 gema de ovo
175 g de miolo de camarão cozido
25 g de queijo ralado
Manteiga para untar a forma

Tempo de preparação:
aprox. 15 minutos
minutos (mais tempo de cozedura e para gratinar)

Por porção:
aprox. 398 kcal / 1670 kJ
30 g P., 25 g G., 11 g H. c.

1 Descascar e picar as chalotas. Cozer durante 30 minutos o caldo com o vinho, a juliana, as chalotas, sal e pimenta. Seguidamente, coar e deixar ao lume.

2 Lavar o peixe e pô-lo neste preparado durante 10–15 minutos até estar bem cozido. Retirar e mantê-lo quente. Coar o preparado e reduzir a 150 ml.

3 Misturar 2/3 da manteiga, a farinha e o preparado de peixe, formando o molho. Deixar ao lume durante 5 minutos e temperar. Misturar as natas com a gema e juntar ao molho engrossando-o.

4 Colocar o peixe numa forma já untada com gordura. Distribuir os cogumelos e o miolo de camarão. Cobrir com o molho e espalhar o queijo por cima. Colocar nozes de manteiga por cima e levar ao forno, previamente aquecido, durante 10 minutos para gratinar.

Folhado de salmão com trio de cogumelos em cama de espinafre

■ **Para 4 pessoas**

2 chalotas
200 g de cepes
200 g de morquelas
200 g de trombetas da morte
2 colheres de sopa de óleo
150 g de *crème fraîche*
600 g de filetes de salmão fresco
1/2 ramo de salsa
250 g de folhas de espinafre
300 ml de caldo de peixe
250 g de manteiga
Sal
Pimenta
Aneto q. b.
Gomos um limão

Tempo de preparação: aprox. 25 minutos
(mais tempo para refogar e estufar)

Por porção:
aprox. 455 kcal / 1911 kJ
34 g P., 34 g G., 4 g H. c.

Dica
Utilizar os cogumelos tão frescos quanto possível. Caso a preparação seja dois ou três dias depois, pode conservá-los num recipiente de vidro tapado a 0° C.

1. Descascar e picar as chalotas. Limpar muito bem os cogumelos e picá-los. Aquecer o óleo numa frigideira e aí refogar as chalotas e os cogumelos durante 10 minutos em lume muito brando, até todos os líquidos evaporarem. Envolver o *crème fraîche* e deixar ao lume durante mais 4 minutos. Temperar com sal e pimenta e deixar a frigideira esfriar.

2. Cortar o filete de salmão em fatias muito finas. Lavar o ramo de salsa e picá-lo. Deitar a salsa no preparado de cogumelos já frio e mexer.

3. Pôr papel vegetal sobre a superfície de trabalho e aí colocar o arco de uma forma de tarte. Forrar com as fatias de salmão, temperando-as com sal e pimenta. Por cima deitar metade do preparado de cogumelos.

4. Colocar uma segunda camada de salmão, temperar e por cima, distribuir o restante preparado de cogumelos. Por fim, a última camada de salmão.

5. Cozer rapidamente os espinafres em pouca água. Deitar a água fora e escorrer os espinafres. Aquecer o caldo de peixe lentamente numa panela e derreter a manteiga, mexendo sempre até obter um molho homogéneo. Temperar com sal e pimenta.

6. Preparar o folhado numa panela de pressão durante 20 minutos e depois pô-lo num prato. Retirar o papel e a forma. Colocar as folhas de espinafre à volta. Acrescentar o molho e decorar com aneto e os gomos de limão.

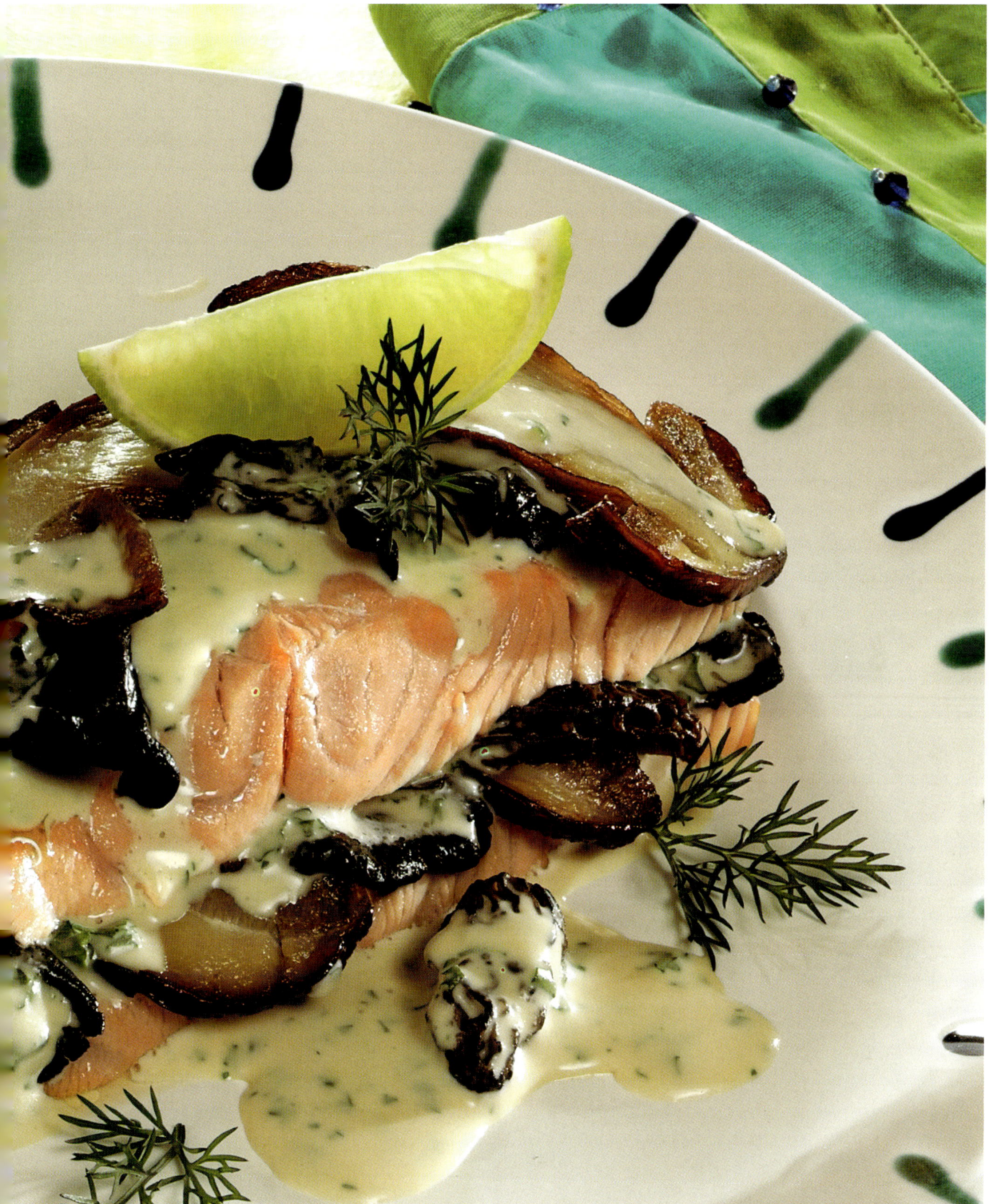

Filete de lucioperca com molho de trufas

■ Para 4 pessoas

20 g de trufas pretas
50 ml de vinho da Madeira
2 chalotas
100 ml de vinho tinto
450 ml de *demi-glace* (molho base castanho)
100 g de manteiga
Sal
800 g de filete de lucioperca
Pimenta
1 colher de sopa de sumo de limão
Farinha
1 colher de sopa de azeite

Tempo de preparação:
aprox. 15 minutos
(mais tempo de cozedura)

Por porção:
aprox. 445 kcal / 1869 kJ
45 g P., 25 g G., 9 g H. c.

1. Limpar as trufas e picá-las. Aquecer o vinho da Madeira e deixá-lo reduzir com as trufas.

2. Descascar e picar as chalotas e cozer com o vinho tinto. Juntar o *demi-glace* e deixar ferver durante 1–2 minutos. Coar o molho com uma peneira e juntá-lo às trufas

3. Deixar ao lume mais 5 minutos, juntar 1/3 da manteiga e mexer. Temperar com sal.

4. Lavar o peixe e cortá-lo em postas. Condimentá-las com sal, pimenta e sumo de limão e passá-las por farinha. Aquecer o óleo com a restante manteiga e fritar as postas até adquirirem uma cor castanha dourada. Colocar as postas nos pratos e deitar o molho por cima. Este prato combina bem com croquetes de batata.

1. Cozer as chalotas no vinho.
2. Juntar o *demi-glace* e deixar ferver durante 1 ou 2 minutos. 
3. Coar o molho com uma peneira e juntá-lo às trufas.

Caldeirada com cantarelos frescos

■ Para 4 pessoas

2 chalotas
500 g de cantarelos
4–5 tomates
800 g de peixe pronto a cozinhar (por exemplo tamboril, salmão e camarões)
1 colher de sopa de sumo de limão
Sal
Pimenta
1–2 colheres de óleo
1 talo de alho francês cortado às tiras
125 ml de vinho branco seco
400 ml de natas batidas
1/2 ramo de cerefolho

Tempo de preparação: aprox. 10 minutos (mais tempo de cozedura)

Por porção:
aprox. 495 kcal / 2079 kJ
36 g P., 35 g G., 8 g H. c.

Dica

O cantarelo é amarelo-torrado e arqueado do pé ao chapéu. Tem um sabor picante e é muito elogiado por conhecedores.

1 Descascar as chalotas e cortá-las em cubinhos. Limpar os cantarelos. Escaldar o tomate e tirar-lhe a pele e as sementes.

2 Lavar o peixe e cortá-lo em postas e os camarões em bocados mais pequenos. Temperá-los com sumo de limão, sal e pimenta. Fritar o peixe em óleo e mantê-lo quente. Deitar fora o óleo e aquecer a manteiga, refogando as chalotas com os cantarelos e juntar as tiras de alho francês e os cubos de tomate. Temperar com sal e pimenta.

3 Regar com vinho branco e deixar reduzir um pouco. A seguir acrescentar as natas. Lavar o ramo de cerefolho e tirar as folhas do pé. Servir esta caldeirada de peixe polvilhada de cerefolho.

Mexilhões em molho condimentado

■ Para 4 pessoas

400 g de mexilhões
1 cebola
2 chalotas
2 dentes de alho
250 g de cogumelos *enoki*
1 pedaço de gengibre (fresco)
2 colheres de sopa de pimentas verde
2–3 colheres de sopa de óleo
50 ml de polpa de tomate (de conserva)
1 colher de chá de açúcar
500 ml de caldo de peixe
Sal
Pimenta moída na altura
Amido

Tempo de preparação:
aprox. 25 minutos
(mais tempo de cozedura)

Por porção:
aprox. 112 kcal / 470 kJ
13 g P., 2 g G., 10 g H. c.

1 Limpar bem os mexilhões, esfregando-os com uma escova debaixo de água corrente. Lavá-los e deixá-los escorrer.

2 Descascar e picar a cebola, as chalotas e o alho. Limpar os cogumelos. Descascar o gengibre. Lavar as pimentas, cortá-las ao meio e tirar-lhes as sementes. Esmagar as pimentas e o gengibre.

3 Aquecer o óleo e alourar os legumes durante 3 minutos. Juntar a polpa de tomate com o açúcar e o caldo de peixe. Deixar ao lume e temperar com sal e pimenta.

4 Adicionar os mexilhões. Reduzir o lume e deixar apurar durante 3–4 minutos, até que os mexilhões estejam todos abertos. Dispor os mexilhões num prato. Engrossar o molho com amido, temperá-lo. Regar os mexilhões e servir.

Filetes de solha preta com cogumelos

Para 4 pessoas

800 g de filetes de solha preta
Sal
250 g de caldo de peixe
2 colheres de sopa de vinho branco
1 ramo de aneto
1/2 de ramo de combinado para a sopa (1/2 aipo, 1 talo de alho-porro, ramo de salsa, 2–3 cenouras)
1 cenoura
2 talos de alho francês
300 g de cogumelos
1 limão
20 g de manteiga
Pimenta preta
2 colheres de sopa de molho de soja
4 colheres de sopa de óleo
1 ramo de salsa

Tempo de preparação: aprox. 20 minutos (mais tempo de cozedura))

Por porção: aprox. 320 kcal / 1344 kJ 45 g P., 10 g G., 12 g H. c.

Dica

Para além dos cogumelos do bosque e da floresta há uma grande variedade de cogumelos de cultivo, na terra, em palha húmida e em troncos.

1. Lavar e limpar o peixe, deitar-lhe um pouco de sal e colocá-lo em cima de uma peneira. Deitar o caldo de peixe, com o sal, o vinagre e dois pés de aneto numa panela. Limpar os vegetais da sopa, cortá-los grosseiramente e juntá-los na panela. Cozer tudo ao mesmo tempo.

2. Colocar a peneira com o peixe em cima da panela. Tapar o peixe e em lume brando, deixá-lo cozer durante 7–8 minutos. Tirá-lo e mantê-lo quente. Coar o caldo de peixe e reservar.

3. Lavar a cenoura e o alho-francês e cortá-los às tirinhas. Passá-los por água fria, escorrê-los bem e aquecê-los. Limpar os cogumelos e cortá-los às fatias. Lavar bem o limão, raspar um pouco a sua casca e reservá-la. Espremer um limão e deitar para cima dos cogumelos uma colher de sopa de sumo de limão. Aquecer a manteiga numa panela. Alourar os cogumelos durante 3 minutos, temperá-los com um pouco de sal e mantê-los quentes.

4. Mexer metade do caldo de peixe com pimenta, molho de soja e óleo ao lume. Lavar o resto do aneto e a salsa e cortá-los miudamente. Colocar num prato o peixe com a cenoura, o alho-francês e os cogumelos. Verter o molho, espalhar as ervas e a raspa de limão e servir.

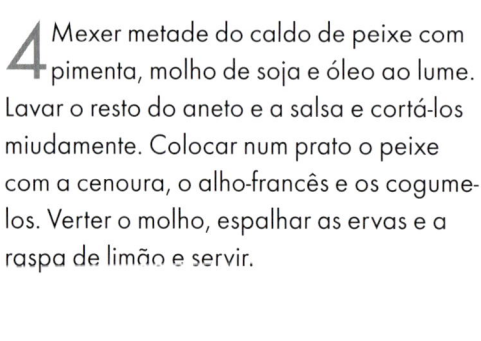

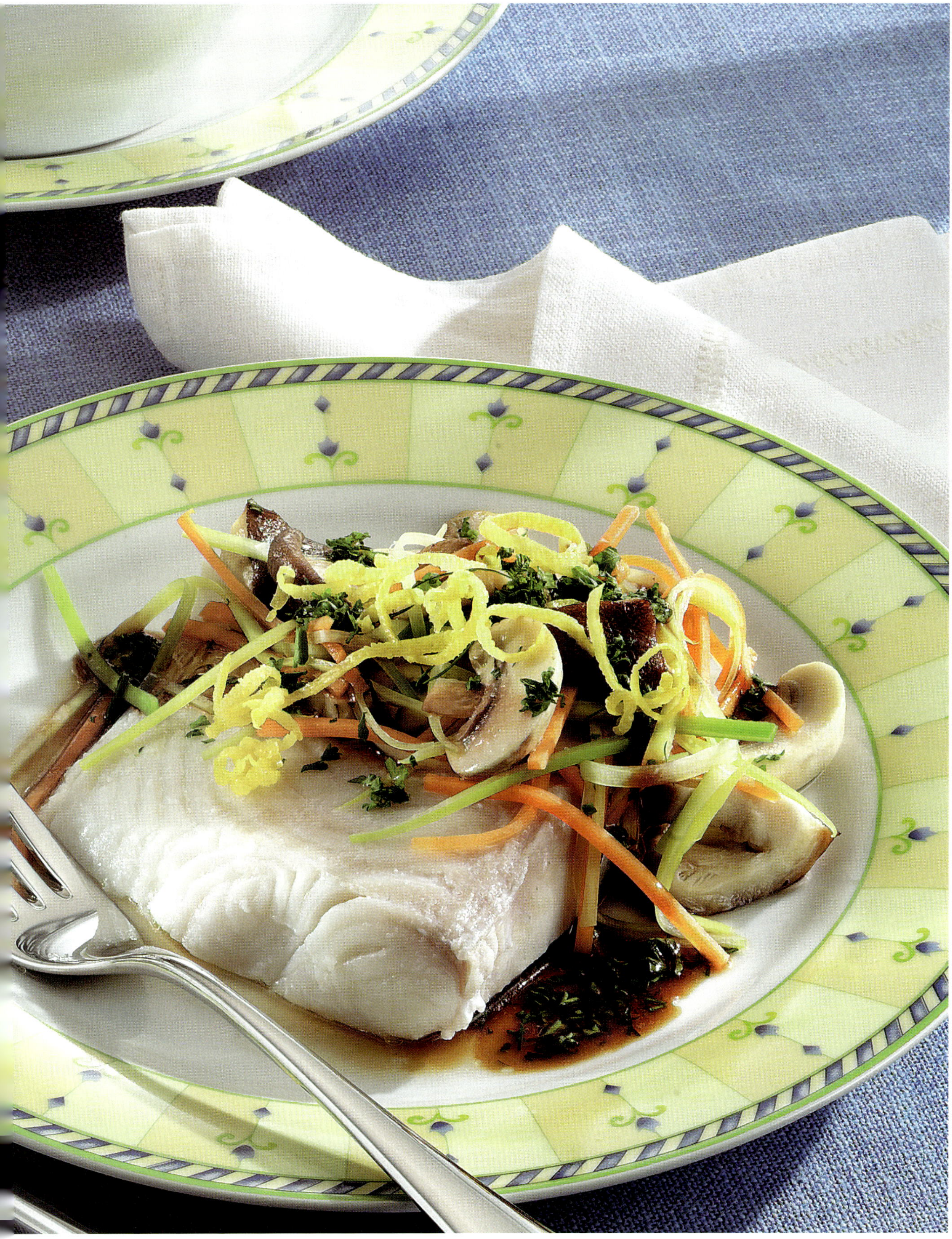

Cogumelos shiitake assados com camarões gigantes

■ **Para 4 pessoas**

400 g de cogumelos *shiitake*
1 chalota pequena
2 colheres de sopa de óleo
50 g de manteiga
1 colher de sopa de salsa fresca picada
Sal
Pimenta
24 camarões gigantes (prontos a cozinhar)
Sumo de limão

Tempo de preparação:
aprox. 15 minutos
(mais tempo para assar)

Por porção:
aprox. 500 kcal / 2100 kJ
57 g P., 24 g G., 17 g H. c.

Dica

Os cogumelos limpam-se com muita facilidade. Basta limpá-los com um pincel, escova ou mesmo com papel absorvente.

1. Limpar os cogumelos e cortá-los em pedaços. Descascar as chalotas e picá-las. Numa frigideira grande aquecer o óleo e metade da manteiga e saltear os cogumelos mexendo sempre.

2. Acrescentar as chalotas e a salsa. Deixar alourar durante mais 3 minutos, mexendo sempre os cogumelos, temperados com sal e pimenta moída na altura.

3. Numa segunda frigideira aquecer o resto da manteiga, ainda deixando um pouco de parte, para saltear os camarões durante 5 minutos. Temperar com um pouco de sal, pimenta e sumo de limão.

4. Aprimorar os cogumelos com a restante manteiga e servi-los bastante quentes.

| 1 | Cortar os cogumelos. | 2 | Juntar a salsa picada. | 3 | Saltear os camarões durante 5 minutos. |

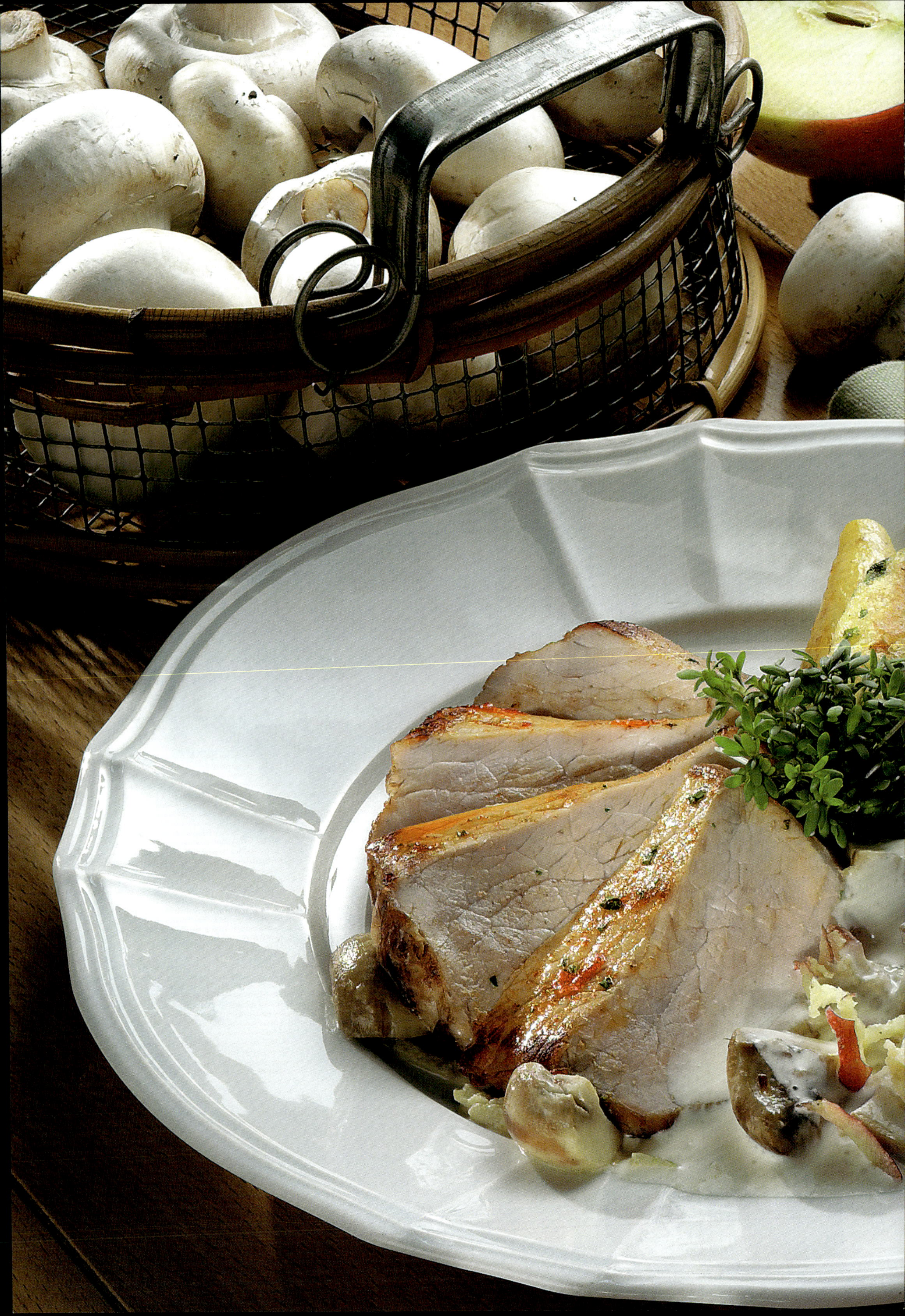

Carne de vaca, borrego, vitela e porco

Cepes, cantarelos, amanita dos Césares e companhia combinam de forma magnífica com bifes e *ragouts* de vaca, borrego, vitela ou porco. É indiferente que seja preparado com um molho mais claro ou mais escuro, pois qualquer *gourmet* ficará maravilhado.

Piccata de vitela com cepes

■ **Para 4 pessoas**

150 g de cepes
140 g de manteiga
Sal
300 g de *crème double*
12 escalopes pequenos de vitela (30 g cada)
Pimenta
6 ovos
90 g de pão ralado
2 colheres de sopa de farinha
100 g de manteiga
5 colheres de sopa de caldo de vitela

Tempo de preparação:
aprox. 15 minutos
(mais tempo de cozedura)

Por porção:
aprox. 580 kcal / 2436 kJ
36 g P., 40 g G., 19 g H. c.

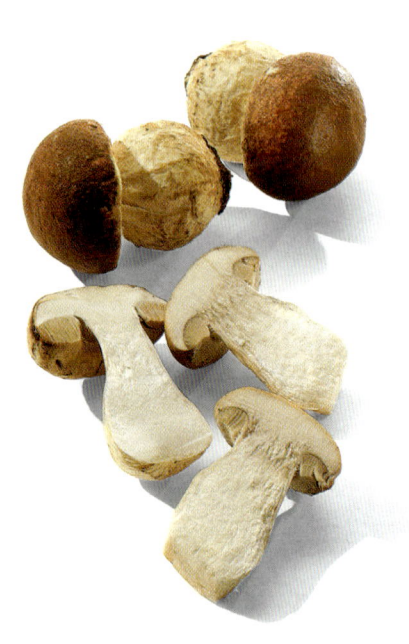

Dica
Pode alterar o sabor do prato se utilizar outro tipo de cogumelos, tal como amanita dos Césares ou tiras de trufas.

1 Limpar os cogumelos e laminá-los. Refogar os cogumelos em 40 g de manteiga, deitar uma pitada de sal e envolver *crème double*. Deixar ao lume durante 2 ou 3 minutos e passar o molho. Picar os cogumelos e deixá-los arrefecer.

2 Lavar a carne, cortá-la em bifes muito finos e temperá-la com sal e pimenta. Rechear com as cepes picadas e fechar, juntando as duas partes como se fosse um rissol. Para o panado, misturar muito bem os ovos e o pão ralado, deitar um pouco de sal.

3 Passar estes bifes recheados por farinha e depois pelo polme. Aquecer a manteiga restante e colocar a *piccata*. Deixá-la dourar durante uns 5 minutos.

4 Aquecer o molho de cepes e mexê-lo vigorosamente, recorrendo a uma misturadora ou varinha mágica. Verter para os pratos, colocar a *piccata* por cima e regar com o caldo de vitela quente.

Medalhões de borrego com molho de tomate e alcaparras e cogumelos

Para 4 pessoas

250 g de cogumelos de Paris ou armilárias
4 colheres de sopa de azeite
Sal
Pimenta
600 g de carne de borrego (coxa)
1 colher de sopa de sumo de limão
1/2 colher chá de pimentão doce em pó
1/2 colher de coentros moídos
1 colher de rosmaninho fresco picado
2 tomates
2 dentes de alho
1 colher de sopa de alcaparras
4 colheres de sopa de natas

Tempo de preparação:
aprox. 25 minutos
(mais tempo para o estufado)

Por porção:
aprox. 270 kcal / 1134 kJ
46 g P., 7 g G., 4 g H. c.

Dica
Alcança-se um sabor muito requintado ao juntarem-se vários tipos de cogumelos.

1 Limpar os cogumelos e laminá-los. Escaldar as armilárias em água a ferver. Aquecer 2 colheres de sopa de óleo e estufar os cogumelos. Temperar com sal e pimenta e reservar.

2 Lavar a carne e cortá-la em medalhões. Borrifá-la com sumo de limão. Aquecer o resto do óleo numa panela e fritar a carne de todos os lados. Temperar com o pimentão em pó, coentros e rosmaninho.

3 Escaldar o tomate em água a ferver, retirar-lhe a pele e as sementes e cortá-lo em cubos. Descascar o alho e picá-lo, tal como as alcaparras.

4 Juntar o alho, o tomate e as alcaparras à carne e estufar tudo junto. Misturar os cogumelos e aumentar o lume. Temperar os medalhões com natas.

Perna de borrego recheada de cogumelos silvestres

■ Para 4 pessoas

300 g de cogumelos *shiitake* ou cogumelos do bosque
1 cebola
2–3 dentes de alho
2 colheres de sopa de manteiga
1 ramo de tomilho
1/2 fatia de pão branco
2 gemas de ovo
Sal
Pimenta
1 perna de borrego (1,75 kg)
2–3 colheres de sopa de óleo
50 ml de vinho tinto
400 ml de caldo de galinha
5 g de cepes secas
Amido q. b.
1 colher de chá de mostarda de Dijon
1/2 vinagre de vinho
1 caixinha de agriões
Fio de cozinha

Tempo de preparação: aprox. 20 minutos (mais tempo para assar)

Por porção: aprox. 690 kcal / 2898 kJ
115 g P., 19 g G., 17 g H. c.

1. Limpar os cogumelos e picá-los. Descascar alho e cebola e picá-los também. Pré-aquecer o forno a 200° C. Derreter a manteiga numa frigideira. Refogar a cebola e o alho até ficarem translúcidos. Lavar o tomilho e juntar.

2. Mexer sempre enquanto está a refogar, até sair molho. Em lume alto deixar o líquido evaporar por completo. Retirar os cogumelos e colocá-los numa tigela. Cortar o pão em cubinhos e juntar as gemas, sal e pimenta, misturando tudo e deixando arrefecer.

3. Lavar a perna de borrego e temperá-la a gosto com sal e pimenta. Introduzir o recheio, enrolar e atar bem com o fio de cozinha. Colocar a perna num tabuleiro com óleo e assar durante 1–2 horas (mal passado ou bem passado). Ir regando o assado com o vinho tinto e o caldo. Entretanto pôr as cepes de molho durante cerca de 20 minutos para amolecerem.

4. Retirar a perna e mantê-la quente. Regá-la com o molho derivado do assado e ferver com o resto do caldo. Juntar as cepes. Coar a água de molho das cepes e acrescentá-la também.

5. Dissolver o amido e a mostarda num pouco de água e com este preparado engrossar o caldo do assado. Deitar o vinagre, temperar com sal, pimenta e um pouco de manteiga. Cortar a perna às fatias e decorar com o agrião. Com este prato combinam batatinhas assadas.

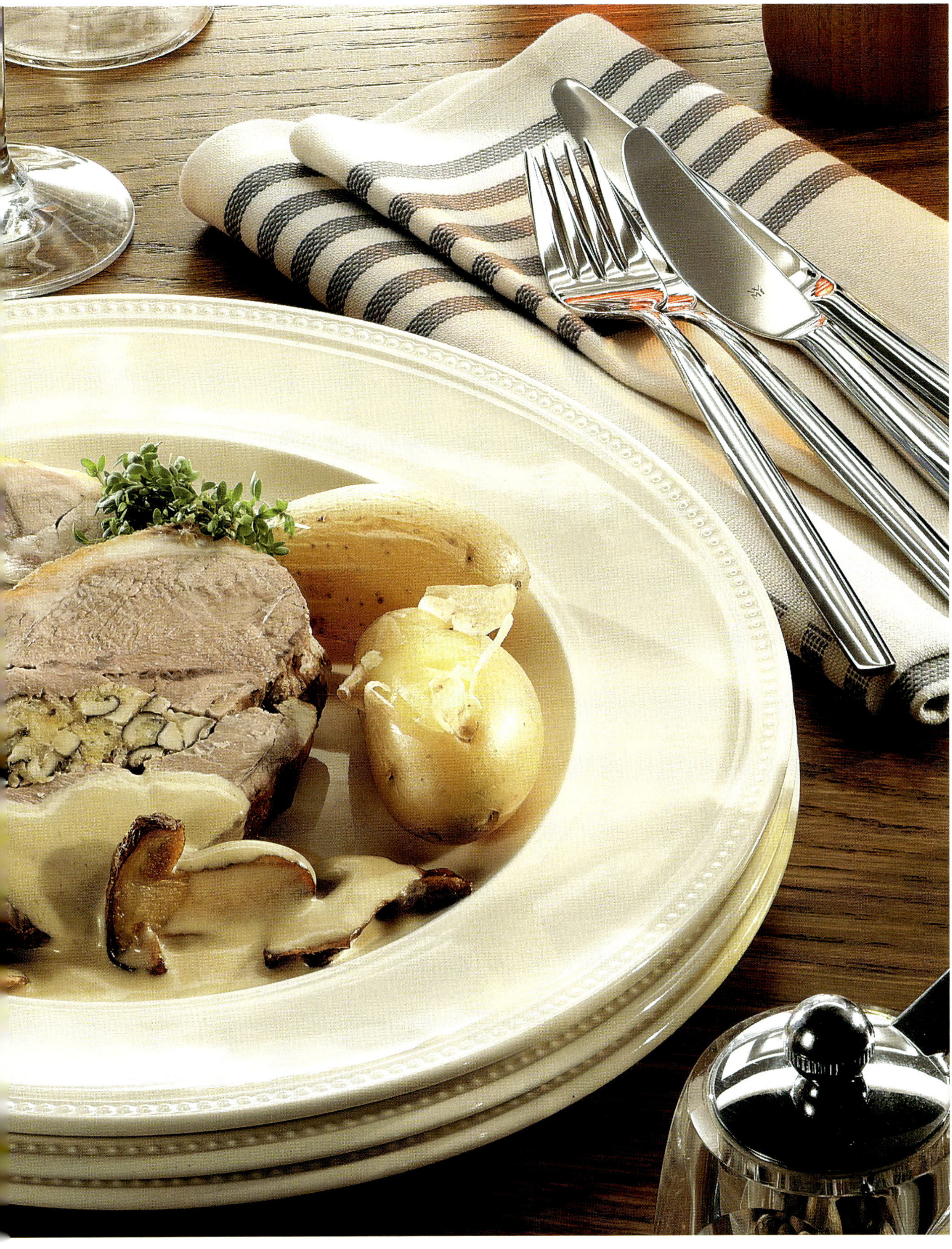

Ragout de cogumelos com bife

■ Para 4 pessoas

3 cebolas
250 g de cogumelos ostra frescos ou cogumelos *shiitake*
50 g de manteiga
4 bifes de vaca grossos (200 g cada)
2 colheres de sopa de óleo
40 ml de *whisky*
Sal
Pimenta
2 colheres de chá de manteiga
125 ml de caldo de galinha

Tempo de preparação: aprox. 10 minutos (mais tempo para assar)

Por porção: aprox. 350 kcal / 1470 kJ
45 g P., 13 g G., 12 g H. c.

1 Descascar a cebola e cortá-la às argolas. Limpar os cogumelos e cortá-los de acordo com o tamanho se necessário.

2 Aquecer a manteiga numa frigideira. Alourar a cebola durante 5 minutos. Juntar os cogumelos e dourá-los em 5 minutos. Mantê-los quentes.

3 Lavar os bifes e em óleo muito quente fritá-los de ambos os lados durante 3 minutos. Juntá-los ao preparado de cebola e cogumelos e mexer. Regar com *whisky* e retirar os bifes, temperar com sal e pimenta e mantê-los quentes.

4 Adicionar farinha à frigideira e deixar suar, regar lentamente com o caldo e deixar o molho apurar. Temperar o molho com sal e pimenta e juntar os bifes. Este prato combina com croquetes de batata.

1. Acrescentar os cogumelos e dourá-los durante 5 minutos.

2. Fritar os bifes de ambos os lados.

3. Regar com *whisky*.

Febras com cogumelos e maçã

■ Para 4 pessoas

600 g de cogumelos do bosque ou da floresta
1 cebola
1 maçã
20 g de manteiga
3 colheres de sopa de *calvados*
Sal
Pimenta
4 febras (200 g cada)
1 colher de sopa de banha
Molho de *worcestershire*
3 colheres de sopa de *crème fraîche*

Tempo de preparação: aprox. 10 minutos (mais tempo para assar)

Por porção: aprox. 353 kcal / 1481 kJ
59 g P., 9 g G., 6 g H. c.

Dica
Os verdadeiros cogumelos da floresta são reconhecidos com muita facilidade, ao contrário dos cogumelos de cultura, têm lamelas cor-de-rosa, castanhas claras e castanhas.

1 Limpar os cogumelos e retirar os pés dos chapéus. Cortar os pés às fatias. Dependendo do tamanho dos chapéus, cortá-los aos quartos ou em oitavos. Descascar a cebola e picá-la.

2 Descascar a maçã e raspá-la grosseiramente. Derreter a manteiga numa frigideira e refogar a cebola, mexendo sempre. Acrescentar aos poucos a maçã e os cogumelos e refogá-los conjuntamente. Regar com *calvados* e temperar com sal e pimenta.

3 Tapar a panela, deixando refogar durante 8 minutos. Entretanto lavar as febras e fritá-las em banha muito quente durante 5 minutos; seguidamente condimentá-las com sal e pimenta. Temperar o molho com um pouco de molho de *worcestershire* e *crème fraîche* e servir com as febras. Batatas combinam muito bem com este prato.

Lombo de porco com morquelas e alho-francês

■ Para 4 pessoas

3–4 talos de alho-
-francês
60 g de manteiga
100 g de caldo de
legume
2 colheres de sopa
de farinha
100 g de queijo
Emmental ralado na
altura
Sal
Pimenta
Noz-moscada
300 g de morquelas
2 colheres de sopa
de banha
750 g de lombo de
porco
4 fatias de *bacon*

Tempo de preparação:
aprox. 15 minutos
(mais tempo de cozedura)

Por porção:
aprox. 443 kcal / 1859 kJ
58 g P., 22 g G., 5 g H. c.

1 Lavar o alho-francês e cortá-lo em pedaços de 10 cm, salteá-los em 40 g de manteiga e deixá-los refogar com o caldo de legumes. Pré-aquecer o forno a 200° C.

2 Colocar o alho-francês numa forma. Com o resto da manteiga e a farinha preparar um estrugido e fazer dele um molho juntamente com o caldo do alho-francês. Adicionar o queijo, mexendo bem e temperando com sal, pimenta e noz-moscada.

3 Limpar e cortar os cogumelos. Salteá-los em metade da banha e juntá-los ao alho-francês. Regar com o molho e levar ao forno durante 20 minutos.

4 Lavar a carne e enrolá-la com as fatias de *bacon*. Fritá-la no resto da banha durante 8 minutos. Temperar com sal e pimenta e deixar repousar durante 10 minutos. Cortar o lombo em fatias grossas e servir com os legumes.

Rolo de carne com cogumelos

■ **Para 4 pessoas**

**4 fatias de *bacon*
4 *cournichons*
(pepinos embebidos em vinagre)
1 cebola
400 g de cogumelos da floresta (por exemplo armilárias, cantarelos, morquelas)
1–2 colheres de óleo
1 colher de chá de polpa de tomate
Pimenta-da-jamaica moída
1 folha de louro
200 ml de caldo de legumes**

Tempo de preparação:
aprox. 20 minutos
(mais tempo do estufado)

Por porção:
aprox. 273 kcal / 1145 kJ
37 g P., 12 g G., 5 g H. c.

1. Lavar os bifes, laminá-los e temperá-los com sal e pimenta de um dos lados. Distribuir o *bacon* por cima da parte temperada. Cortar os *cournichons* às fatias ao comprido ou em cubos e distribuir também sobre os bifes.

2. Descascar as cebolas, picá-las e distribuí-las igualmente sobre os bifes. Enrolar os bifes e atá-los com cordel. Fincar bem as pontas.

3. Limpar os cogumelos, dependendo do seu tamanho cortá-los ao meio ou em quartos. Aquecer o óleo num tabuleiro e assar o rolo durante 5 minutos, virando-o de vez em quando até ficar torrado. Juntar os cogumelos e assá-los durante dois minutos. De seguida juntar a polpa de tomate, mexer bem e deixar estufar, mexendo sempre. Condimentar com sal, pimenta, pimenta-da-jamaica e a folha de louro.

4. Regar com o caldo de legumes e tapar o rolo deixando-o cozer cerca de 45 minutos. De vez em quando ir virando o rolo e regando-o com o caldo. Retirar o rolo, eventualmente deixar reduzir um pouco o molho. Servir com os cogumelos. Batatas com salsa combinam bem com este prato.

Dica
Pode utilizar lombo em vez de bifes de vaca. De qualquer modo este demora o dobro do tempo a ser estufado.

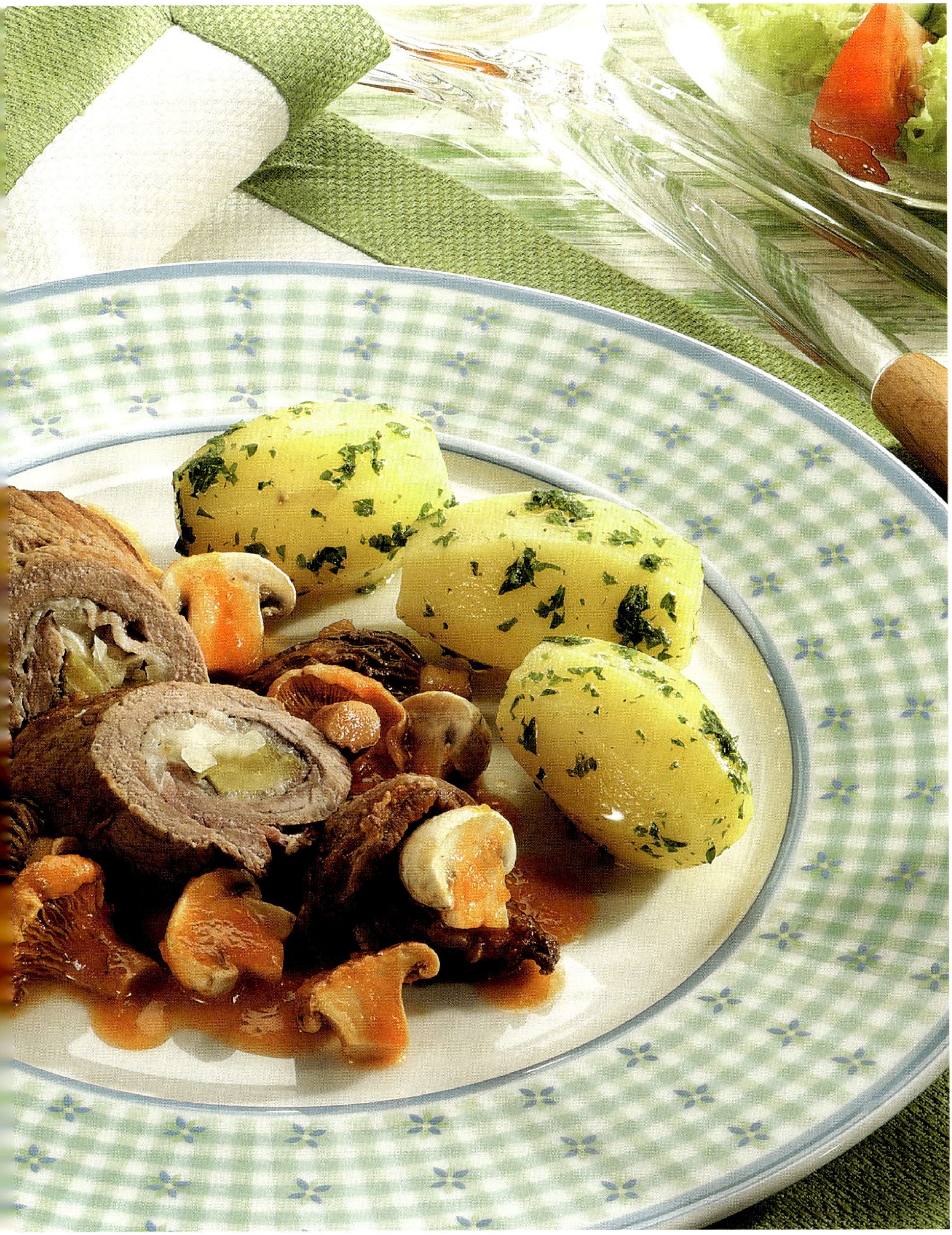

Espetadas de carne e cogumelos com risotto de pimentos

■ **Para 4 pessoas**

1 pimento amarelo
1 cebola
50 g de manteiga
4 colheres de sopa de massa de pimentos
500 ml de caldo de legumes
400 g de cogumelos pequenos
400 g de febras
200 g de fígado de peru
3 pés de salva
Sal
Pimenta
8 pauzinhos para as espetadas

Tempo de preparação: aprox. 10 minutos (mais tempo de cozedura)

Por porção: aprox. 410 kcal / 1722 kJ 39 g P., 7 g G., 46 g H. c.

Dica
Em algumas zonas existem cogumelos silvestres em abundância. Em alguns campos, multiplicam-se em mais do que um sítio.

1. Lavar o pimento, cortá-lo ao meio, tirar as sementes e cortá-los em cubinhos. Descascar a cebola e picá-la. Refogar tudo em metade da manteiga e acrescentar o arroz.

2. Juntar a massa de pimentos e regar com o caldo de legumes. Deixar ao lume tapando a panela, para reter os líquidos.

3. Entretanto limpar os cogumelos. Lavar os bifes e o fígado e cortá-los em pedaços. Lavar a salva e tirar as folhas do pé.

4. Espetar alternadamente os cogumelos, os bifes, o fígado e a salva. Fritar as espetadas no resto da manteiga durante cerca de 8 minutos, temperando com sal e pimenta. Servir com o risotto de pimentos.

1 Cortar o pimento aos cubos.

2 Juntar o arroz.

3 Adicionar a massa de pimentos, mexendo.

79

Carpaccio de vaca com cogumelos laminados

■ **Para 4 pessoas**

300 g de bife de vaca
3–4 colheres de óleo
2–3 colheres de sopa de sumo de limão
Sal
Pimenta
50 g de queijo parmesão ralado na altura
100 g de cogumelos, amanitas dos Césares ou trufas
100 g de legumes (por exemplo funcho ou rábano--silvestre)

Tempo de preparação: aprox. 15 minutos minutos (mais tempo de arrefecimento e repouso)

Por porção:
aprox. 161 kcal / 674 kJ
21 g P., 8 g G., 1 g H. c.

Dica

Os amanitas dos Césares pertencem ao mundo culinário dos cogumelos ainda não bem descobertos. O chapéu laranja--avermelhado tem 6 – 18 cm de largura e é liso, meio arredondado e facilmente separável do pé. Cru, a sua consistência é branca--amarelada. O seu sabor não é tão condimentado como o das cepes, nem é tão seco e consistente.

1 Lavar a carne, embrulhar em papel de alumínio e deixar cerca de 45 minutos no congelador.

2 Cortar a carne congelada tão fina como fiambre. Pincelar a fatia com um pouco de óleo. Colocar as fatias no prato de servir. Misturar o resto do óleo com sumo de limão, sal e pimenta.

3 Deitar um pouco do molho sobre a carne e espalhar o queijo. Limpar os cogumelos todos e laminá-los. Distribuir os cogumelos e os legumes sobre a carne e regar com o resto do molho. Deixar repousar 15 minutos e servir.

Trombeta de Outono com carne picada

■ Para 4 pessoas

500 g de carne de vaca picada (magra)
3 cebolas
2 dentes de alho
2 gemas de ovo
1 colher de chá de mostarda de Dijon
Sal
Pimenta
1 pitada de coentros
80 g de trombetas de Outono ou da morte
2 colheres de sopa de manteiga
3 colheres de sopa de vinho do Porto
75 ml de caldo de legumes
3 colheres de sopa de óleo

Tempo de preparação:
aprox. 10 minutos
(mais tempo de cozedura e repouso)

Por porção:
aprox. 395 kcal / 1659 kJ
28 g P., 29 g G., 5 g H. c.

1 Colocar a carne numa tigela. Descascar as cebolas e o alho, picá-los e juntá-los à carne. Acrescentar igualmente as gemas e a mostarda, misturar tudo muito bem e condimentar com sal, pimenta e coentros.

2 Com as mãos molhadas formar 4 almôndegas grandes e achatadas e deixar em repouso uma hora. Pôr de molho os cogumelos em água morna, de seguida escorrê-los bem e cortá-los em pedaços.

3 Aquecer a manteiga, refogar a restante cebola e alho. Adicionar os cogumelos e regar com o vinho do Porto e o caldo. Deixar ferver 10 minutos e temperar.

4 Aquecer o óleo e fritar as almôndegas entre 5 – 8 minutos. Colocar no prato e deitar o molho por cima. Servir com baguete.

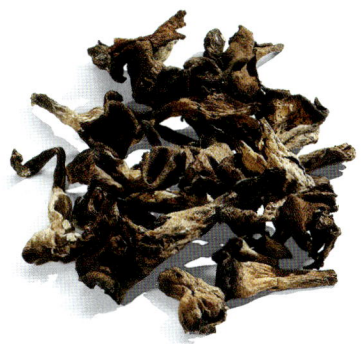

Salva e vitela em molho de trufas

■ **Para 4 pessoas**

600 g de lombo de vitela
Sal
Pimenta moída na altura
6 pés de salva
1 colher de sopa de banha
125 ml de *marsala*
200 ml de caldo de vitela
1 lata de trufas de conserva (20 g)
80 g de manteiga

Tempo de preparação:
aprox. 10 minutos
(mais tempo de cozedura)

Por porção:
aprox. 355 kcal / 1491 kJ
32 g P., 25 g G., 2 g H. c.

1. Pré-aquecer o forno a 80° C. Lavar o lombo e arranjá-lo. De seguida, esfregá-lo com sal e condimentá-lo com muita pimenta. Dobrar as pontas do lombo. Lavar os pés de salva, enrolá-los à volta da carne e atá-las.

2. Aquecer a banha e dourar o lombo durante 5 minutos, rodando-o. Pô-lo logo num tabuleiro pré-aquecido e levá-lo ao forno para assar.

3. Entretanto deitar fora a banha e aquecer o marsala nesse recipiente, deixando reduzir um pouco. Adicionar o caldo de vitela e reduzir tudo a 100 ml sensivelmente.

4. Escorrer as trufas e reservar o líquido, juntando-o ao molho. Caso necessário descascar e cortar as trufas, acrescentando-as por fim ao molho também. Reservar o molho.

5. Quando o lombo estiver rosado, tirá-lo do forno, retirar os ramos de salva e cortá-lo às fatias. Colocar a carne em pratos aquecidos. Aquecer novamente o molho, deitando a manteiga em nozes. Temperar com sal e pimenta e regar a carne com o molho quente de trufas. Croquetes de carne combinam bem com este prato.

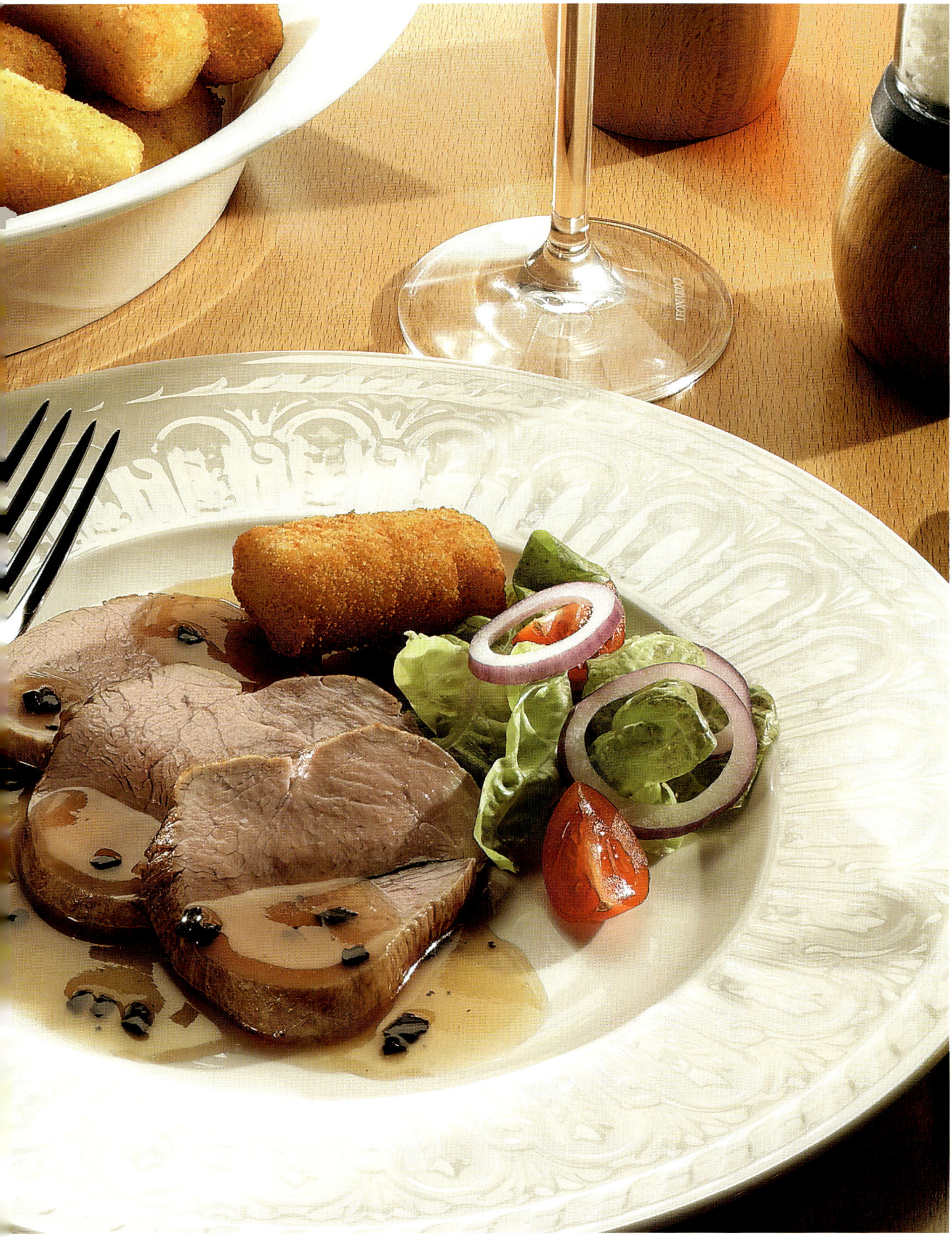

Prato de legumes outonais com trombetas da morte e escorcioneira

■ Para 4 pessoas

80 g de trombetas da morte secas
750 g de escorcioneira fresca
1 colher de sopa de sumo de limão
750 g de batatas
40 g de manteiga
100 ml de leite
200 ml de natas doces
Sal
Pimenta
400 g de escalopes
1 colher de sopa de banha

Tempo de preparação: aprox. 15 minutos (mais tempo para assar)

Por porção: aprox. 568 kcal / 2383 kJ
37 g P., 30 g G., 36 g H. c.

Dica

Muitos cogumelos, como por exemplo, as trombetas da morte, desenvolvem apenas quando secas um aroma intenso e é por isso que são utilizadas predominantemente secas.

1 Amolecer as trombetas da morte em água morna durante 15 minutos e escorrê-las. Descascar as escorcioneiras debaixo de água a correr e cortá-las em pedaços de 4 cm de comprimento. Mergulhá-los logo em água com sumo de limão.

2 Descascar as batatas, lavá-las e cortá-las em cubinhos. Saltear brevemente os cogumelos em manteiga. Juntar as batatas e as escorcioneiras e refogar conjuntamente durante mais 5 minutos. Adicionar o leite e deixar levantar fervura. Envolver as natas, temperar com sal e pimenta, tapar a panela e estufar durante 15 minutos.

3 Entretanto lavar e cortar os escalopes em tirinhas. Fritar a carne na banha quente entre 3 – 5 minutos. Temperar com sal e pimenta e servir com os legumes já prontos.

1 Cortar as escorcioneiras em pedaços de 4 cm.

2 Cortar as batatas em cubinhos.

3 Cortar a carne às tirinhas.

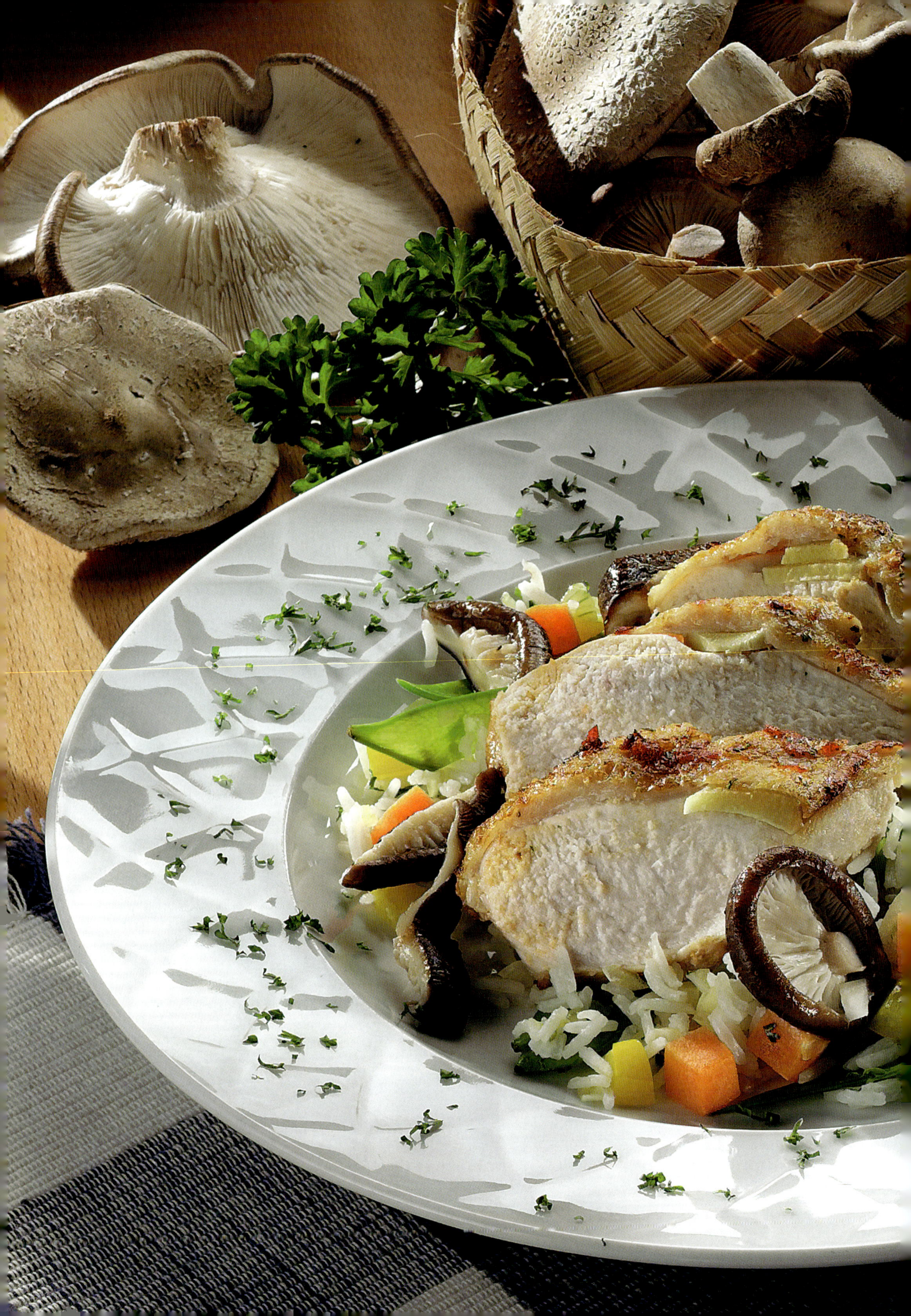

Caça e aves

Os *gourmets* sabem que aves de capoeira assadas e estaladiças constituem uma delícia.
Aves e cogumelos: esta combinação inspirou sempre novas fantasias culinárias.
Caça e cogumelos silvestres: a harmonia perfeita!

Galinha-de-Angola assada com cantarelos

■ Para 4 pessoas

1 galinha-de-
-Angola (aprox.
1 kg)
300 g de cantarelos
frescos
1 chalota
1 dente de alho
100 g de manteiga
200 ml de vinho
tinto
1 folha de louro
1 colher de chá de
salva seca
Sal
Pimenta

Tempo de preparação:
aprox. 25 minutos
(mais tempo de estufado)

Por porção:
aprox. 578 kcal / 2426 kJ
53 g P., 39 g G., 2 g H. c.

1 Lavar a galinha e cortá-la em quatro partes. Lavar os cogumelos e, dependendo do seu tamanho, cortá-los se necessário. Descascar e picar a chalota e o alho.

2 Aquecer 50 g de manteiga num tabuleiro e aí dourar bem a galinha de todos os lados. Juntar as chalotas e o alho e deixar estufar. Regar com vinho tinto e deixar levantar fervura, reduzindo-o.

3 Adicionar a salva e o louro e temperar com sal e pimenta. Tapar o tabuleiro e deixar estufar durante 30 minutos.

4 Entretanto aquecer o resto da manteiga numa frigideira e refogar os cogumelos, mexendo sempre durante cerca de 10 minutos, até que os líquidos estejam mais polposes.

5 Juntar os cantarelos à galinha e refogar conjuntamente. Quando a carne já estiver bem passada, rectificar os temperos. Batatas assadas combinam muito bem com este prato.

Coelho com creme de morquelas

■ Para 4 pessoas

20 g de morquelas secos
4 lombos de coelho
Sal
Pimenta
40 g de manteiga
200 ml de caldo de caça
150 ml de natas doces
150 ml de *crème fraîche*

Tempo de preparação:
aprox. 10 minutos
(mais tempo de cozedura)

Por porção:
aprox. 360 kcal / 1512 kJ
14 g P., 33 g G., 3 g H. c.

1 Cobrir os morquelas com água quente e deixar repousar pelo menos durante 2 horas. Pré-aquecer o forno a 100° C. Escorrer os morquelas com um filtro de café e reservar quer morquelas, quer água.

2 Lavar a carne e esfregar com sal e pimenta. Derreter a manteiga e dourar a carne, de modo a que do lado de dentro ainda se mantenha cor-de-rosa.

3 Tirar os lombos da frigideira, embrulhá-los com papel de alumínio e pô-los no forno. Saltear os morquelas na mesma frigideira e regar com a sua água e o caldo de caça, deixar ao lume até estar reduzido a 1/3.

4 Envolver as natas e o *crème fraîche*, deixar ao lume até o molho estar cremoso e temperar. Cortar os lombos na diagonal e servir com o creme de morquelas. Croquetes de batata combinam bem com este prato.

Dica

Ao comprar, observe bem o pé dos morquelas ou então corte-os, uma vez que os pés têm frequentemente vermes.

Codornizes brilhantes com cepes

■ **Para 4 pessoas**

8 codornizes
Sal
Pimenta
6 colheres de sopa de xarope de *grenadine*
4 colheres de sopa de sumo de lima
2 cebolas
1 cenoura
1 talo de alho francês
1 pimenta vermelha
1 colher de sopa de óleo
1 colher de sopa de polpa de tomate
400 ml de caldo de caça
2 colheres de manteiga
Cebolinho q. b.

Tempo de preparação: aprox. 15 minutos (mais tempo de cozedura)

Por porção: aprox. 510 kcal / 2142 kJ 50 g P., 32 g G., 7 g H. c.

Dica
Utilize amanitas dos Césares em vez de cepes ou mesmo cogumelos ostra, disponíveis durante todo o ano.

1. Pré-aquecer o forno a 200° C. Lavar as codornizes e esfregá-las com sal e pimenta do lado de dentro e de fora. Misturar o sumo de lima e o xarope de *grenadine* e pincelar as codornizes igualmente por dentro e por fora. Cruzar as pernas das codornizes.

2. Descascar e lavar as cebolas, a cenoura e o alho-francês. Cortar tudo em cubo. Lavar as pimentas, cortá-las ao meio, retirar-lhes as sementes e cortá-las.

3. Aquecer o óleo num tabuleiro e colocar as codornizes com o peito para cima. Juntar os legumes e a pimenta e deixar alourar tudo em lume médio durante 2–3 minutos.

4. Levar ao forno durante 30 minutos e de 10 em 10 minutos pincelar as codornizes com o próprio molho. De seguida, tirar as codornizes do forno, mas mantê-las quentes. Torrar os legumes juntando a polpa de tomate no mesmo tabuleiro, acrescentar o caldo e deixar ao lume 10 minutos.

5. Limpar e laminar os cogumelos. Derreter a manteiga e alourar os cogumelos durante 1–2 minutos. Condimentar com sal e pimenta. Lavar e cortar o cebolinho. Servir as codornizes com os legumes e o molho. Batatas assadas combinam bem com este prato.

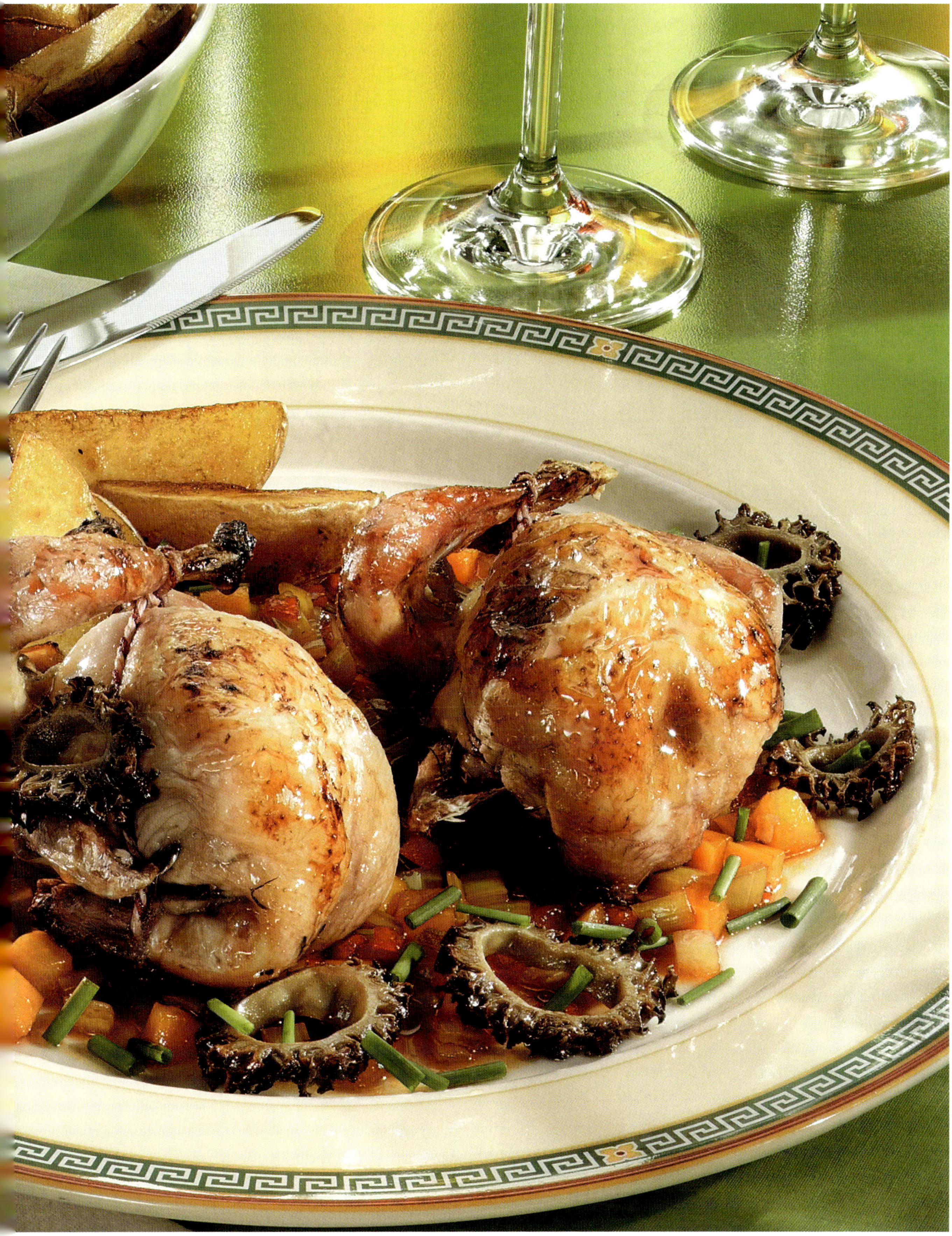

Lombo de veado com cogumelos com ervas

■ Para 4 pessoas

2 lombos de veado (aprox. 800 g)
Sal
Pimenta moída na altura
40 g de manteiga
3 bagas de zimbro esmagadas
1/2 folha de louro
500 g de cogumelos diversos (cogumelos e cogumelos da floresta)
2 colheres de sopa de óleo
2 colheres de sopa de cerefolho

Tempo de preparação: aprox. 10 minutos (mais tempo de cozedura)

Por porção: aprox. 345 kcal / 1449 kJ
47 g P., 17 g G., 2 g H. c.

Dica
Os cogumelos com ervas devem ser servidos rapidamente. Eles também sabem primorosamente com rosbife frio, pão francês e manteiga fresca.

1 Lavar o lombo de veado e esfregá-lo com sal e pimenta. Pré-aquecer o forno a 120° C. Aquecer metade da manteiga num tabuleiro. Aí alourar o lombo com as bagas de zimbro e o louro.

2 Tapar o tabuleiro e levar ao forno durante 15 minutos.

3 Limpar os cogumelos e cortá-los às fatias. Dourar os cogumelos no óleo misturado com o resto da manteiga durante 5 minutos. Temperar com sal e pimenta.

4 Retirar o lombo e cortá-lo em fatias na diagonal. Colocar no prato e espalhar os cogumelos e as folhas de cerefolho. Baguete com manteiga combina muito bem com este prato.

1. Esfregar o lombo de veado com sal e pimenta.

2. Cortar os cogumelos às fatias.

3. Alourar os cogumelos e temperá-los com sal e pimenta.

Guisado de veado com cogumelos escamosos

■ Para 4 pessoas

800 g de carne de veado cortada aos bocados
175 g de entremeada
2 cebolas pequenas
750 ml de caldo de legumes
1/2 ramo de manjerona
400 g de cogumelos escamosos frescos
1 colher de sopa de banha
1 lata de milho (340 g)
2 colheres de sopa de farinha
Sal, pimenta moída na altura
2 colheres de sopa de *crème-fraîche*
2 colheres de sopa de *calvados*

Tempo de preparação:
aprox. 15 minutos
(mais tempo de cozedura)

Por porção:
aprox. 660 kcal / 2772 kJ
60 g P., 18 g G., 60 g H. c.

Dica
Prepare logo o dobro da quantidade, pois este prato pode ser congelado e sabe muito bem quando aquecido.

1 Lavar a carne. Cortar a entremeada aos cubos, dourá-los num tabuleiro, tirá-los e reservar. Alourar muito bem a carne na gordura da entremeada. Descascar a cebola, cortá-la em rodelas e alourá-la também durante um minuto. Acrescentar o caldo, tapar a panela e estufar durante 1 hora.

2 Entretanto lavar a manjerona e picar as suas folhas, deixando algumas inteiras. Limpar os cogumelos e salteá-los na banha até ficarem torrados. Juntar a entremeada, os cogumelos, o milho (escorrido) e a manjerona picada e deixar refogar.

3 Dissolver a farinha num pouco de água e deitar no guisado. Guisar durante mais 5 minutos e temperar com sal e pimenta. Misturar o *crème-fraîche* com o *calvados* e envolver com o guisado. Antes de servir espalhar algumas folhas de manjerona. Batatas assadas combinam bem com este prato.

Frango com cogumelos silvestres

■ Para 4 pessoas

1 talo de alho-
-francês
4 peitos de frango
(175 g cada)
300 g de cogumelos
silvestres
2 colheres de sopa
de óleo
1 colher de sopa de
cognac
Noz-moscada
150 ml de vermute
branco e seco
150 ml de caldo de
galinha
5–6 pés de tomilho
Sal
6 azeitonas verdes
150 g de natas
Cubos de pão frito

Tempo de preparação:
aprox. 10 minutos
(mais tempo de cozedura)

Por porção:
aprox. 380 kcal / 1596 kJ
48 g P., 16 g G., 7 g H. c.

1. Limpar o alho-francês e cortá-lo às rodelas. Lavar a carne e cortá-la às tiras. Limpar os cogumelos e cortá-los às fatias.

2. Aquecer o óleo e alourar o alho-francês e juntar a carne. Acrescentar os cogumelos e mexer sempre até a carne estar quase bem passada.

3. Flamejar com o *cognac*. Adicionar a noz-moscada raspada na altura, o vermute e o caldo, deixando apurar por mais 5 minutos. Lavar o tomilho, retirar as folhas e juntar ao preparado, deixando algumas folhas de parte.

4. Juntar as azeitonas a metade das natas e envolvê-las com a carne, não deixando cozer mais. Regar com o resto das natas, espalhar as restantes folhas de tomilho e os cubinhos de pão frito e servir.

Dica

Compre um frango inteiro e corte-o em pedaços. Aloure-os, cubra-os com os cogumelos e o alho-francês e, com a panela fechada, deixe estufar lentamente em lume brando.

Galinha com ervas, chalotas e cogumelos

■ **Para 4 pessoas**

500 g de asinhas de frango
80 g de manteiga
300 g de juliana congelada
175 ml de vinho da Madeira
500 ml de caldo de aves
1 batata
175 g de tomate seco em azeite
300 g de cogumelos cor-de-rosa
7–10 chalotas pequenas
4 peitos de galinha-de-angola (150 g cada)
Sal e pimenta
1 ramo de rosmaninho
4–5 pés de tomilho
4 dentes de alho

Tempo de preparação: aprox. 20 minutos
(mais tempo de cozedura)

Por porção:
aprox. 760 kcal / 3192 kJ
58 g P., 51 g G., 17 g H. c.

1. Lavar as asinhas de frango e cortá-las. Fritá-las em 25 g de manteiga com lume alto até estarem bem torradas. Juntar a juliana descongelada e salteá-la.

2. Adicionar o vinho da Madeira e deixar reduzir quase na íntegra. Juntar o caldo de aves. Descascar as batatas e ralá-las para dentro da panela. Reduzir o molho a metade e de seguida passar por um coador e reservar.

3. Entretanto tirar o tomate do azeite, cortá-lo ao meio e deitar 3 colheres desse azeite. Limpar os cogumelos. Descascar as chalotas, deitar-lhes um pouco de açúcar e alourá-las em 25 g de manteiga.

4. Lavar o peito de galinha e temperá-lo com sal e pimenta. Lavar as ervas, retirar as folhas dos pés e picá-las. Reservar 1/3 para mais tarde.

5. Aquecer a restante manteiga, dourar o peito de frango durante 5 minutos. Juntar o tomate, cogumelos, chalotas, dentes de alho (com casca) e 2/3 das ervas picadas. Tapar a panela e deixar estufar durante 20 minutos. Nos últimos 10 minutos retirar a tampa.

6. Aquecer o molho. Colocar o peito de galinha e os vegetais numa travessa e regar com o molho. Espalhar as restantes folhas de tomilho. Ervilhas combinam muito bem com este prato.

Dica

Caso não encontre cogumelos cor-de-rosa, pode também usar dos castanhos. Estes têm frequentemente um aroma mais forte do que os cogumelos brancos de cultivo.

97

Galinha-de-Angola com trufas

■ Para 4 pessoas

2 trufas negras
(20 g cada)
2 colheres de sopa
de *armagnac*
4 bifes de galinha-
de-Angola
(150 g cada)
Sal
Pimenta
1 colher de sopa de
banha
5 pés de tomilho
50 g de manteiga
4 fatias de pão
branco
Salsa para
decoração

Tempo de preparação:
aprox. 15 minutos
(mais tempo da marinada
e cozedura)

Por porção:
aprox. 263 kcal / 1105 kJ
23 g P., 12 g G., 15 g H. c.

Dica
As trufas são um achado dispendioso. Apenas cães e porcos são capazes de farejar debaixo da terra este objecto de cobiça.

1 Limpar as trufas e laminá-las. Regá-las com o *armagnac* e deixá-las marinar durante 1 hora.

2 Lavar os bifes e temperá-los com sal e pimenta. Aquecer a banha numa frigideira. Alourar a carne e juntar o tomilho, previamente lavado. Deixar apurar em lume brando, durante 5 minutos, com a parte com pele para baixo.

3 Derreter a manteiga numa frigideira, adicionar as trufas, temperar com sal e pimenta, tapar e deixar cozer durante 4 minutos.

4 Cortar a carne às fatias e colocar num prato alternadamente com as fatias de trufas. Tostar o pão, cortá-lo em triângulos e dispor no prato também. Espalhar os pés de salsa. Legumes frescos combinam com este prato.

1. Regar as trufas com *armagnac* e deixar marinar 1 hora.
2. Dourar o peito de galinha.
3. Tostar o pão.

Faisão supremo com trufas

■ Para 4 pessoas

4 peitos de faisão com pele
2 fígados de faisão
1 pitada de açafrão
1 cebola
20 g de cogumelos amolecidos
2 colheres de sopa de azeite
20 ml de *whisky*
1 pé de rosmaninho
2 folhas de salva
2 folhas de louro
2 colheres de sopa de manteiga
Sal
Pimenta
20 g de trufas negras

Tempo de preparação: aprox. 20 minutos (mais tempo da marinada e cozedura)

Por porção: aprox. 320 kcal / 1344 kJ 34 g P., 18 g G., 2 g H. c.

Dica
É indiferente se usar trufas brancas ou de Verão, têm ambas um sabor inconfundível.

1 Lavar o peito e fígado de faisão. Fazer uma marinada com o açafrão, a cebola picada, os cogumelos amolecidos, o azeite, o *whisky*, as ervas previamente lavadas e as folhas de louro, juntar o faisão e deixar repousar durante algumas horas.

2 Retirar o peito de faisão e dourá-lo em metade da manteiga dos dois lados durante cerca de 10 minutos. Retirar da panela e mantê-lo quente.

3 Fritar o fígado nessa gordura. Retirar a salva, rosmaninho e louro da marinada e regar o fígado com ela. Deixar cozinhar durante 10 minutos e depois reduzir a puré.

4 Derreter o resto da manteiga na panela e deitar a pasta de fígado. Temperar com sal e pimenta. Juntar o peito de faisão e aquecer durante mais uns minutos para apurar. Colocar num prato e logo antes de servir pôr por cima as trufas laminadas.

Peito de frango em fricassé de espargos e morquelas

■ Para 4 pessoas

20 g de morquelas secos
500 g de espargos verdes
500 g de espargos brancos
Sal
1/2 colher de chá de açúcar
150 g de chalotas
400 g de cogumelos creme
4 peitos de frango
250 ml de molho holandês (instantâneo)
1/2 ramo de cebolinho

Tempo de preparação: aprox. 20 minutos
(mais tempo de cozedura)

Por porção:
aprox. 533 kcal / 2237 kJ
37 g P., 40 g G., 7 g H. c.

1. Amolecer os morquelas em água morna durante 1 hora. Lavar, descascar os espargos e cortá-los em pedaços a gosto. Pôr a água a aquecer com o sal, açúcar e 1 colher de chá de manteiga.

2. Cozer os espargos durante 8 – 10 minutos e depois retirá-los. Descascar a chalota e cortá-la em cubos. Limpar os cogumelos e cortá-los aos quartos. Refogá-los juntamente com a chalota com uma colher de manteiga.

3. Escorrer bem os morquelas e refogar conjuntamente. Lavar a carne e dourá-la entre 8 – 10 minutos na banha. Temperar com sal e pimenta.

4. Preparar o molho holandês de acordo com as instruções do pacote, adicionar o resto da manteiga batida. Deitar o molho sobre a carne e os legumes e servir com o cebolinho.

Dica
Se tiver tempo prepare um cremoso molho holandês com uma gema de ovo, sumo de limão, um pouco de água e manteiga.

Peito de frango com gengibre e cogumelos shiitake

■ **Para 4 pessoas**

300 g de cogumelos *shiitake*
300 g de ervilhas de vagem
1 pedaço de gengibre fresco (1 cm)
4 cebolas picadas
1 colher de sopa
125 g de arroz *basmati*
Sal
100 g de cenouras aos cubinhos
1 pimento amarelo cortado aos cubos
1 malagueta vermelha picada
4 peitos de frango com pele (150 g cada)
Pimenta
3 pés de erva-limeira (erva-príncipe)
1 colher de banha
Salsa picada

Tempo de preparação: aprox. 20 minutos (mais tempo de cozedura)

Por porção: aprox. 630 kcal / 2646 kJ 37 g P., 34 g G., 47 g H. c.

Dica
Os cogumelos *shiitake* têm frequentemente o pé bem preso e mesmo depois de cozidos não amolecem. Assim, retire o pé antes de começar a cozinhá-los.

1. Pré-aquecer o forno a 200° C. Limpar os cogumelos e retirar os pés dos cogumelos *shiitake*. Cortar os chapéus em quartos. Lavar as ervilhas de vagem e de acordo com o seu tamanho cortá-las ao meio.

2. Descascar o gengibre e cortar em fatias muito finas. Refogar a cebola em manteiga. Lavar o arroz, refogá-lo com a cebola e cobri-lo com água. Deitar um pouco de sal e deixar ao lume 10 minutos até levantar fervura. Adicionar as cenouras, o pimento, a malagueta e as ervilhas e refogar mais 6 minutos.

3. Entretanto, lavar a carne e inserir as fatias de gengibre debaixo da pele da carne. Temperar com sal e pimenta. Limpar a erva-limeira, retirar a parte de cima e cortá-la ao meio de acordo com o seu tamanho.

4. Fritar a carne em banha a ferver, primeiro do lado da pele e depois do outro. Juntar os cogumelos, a erva-limeira e o caldo. Levar ao forno e assar durante 12 minutos.

5. Passando por um coador, adicionar o caldo do assado ao arroz e reservar os cogumelos. Rectificar o sal do arroz e misturar salsa picada, reservando um pouco para a decoração.

6. Colocar o arroz em pratos e o peito de frango já em fatias sobre o mesmo. Distribuir os cogumelos *shiitake*, polvilhar com a salsa picada e servir.

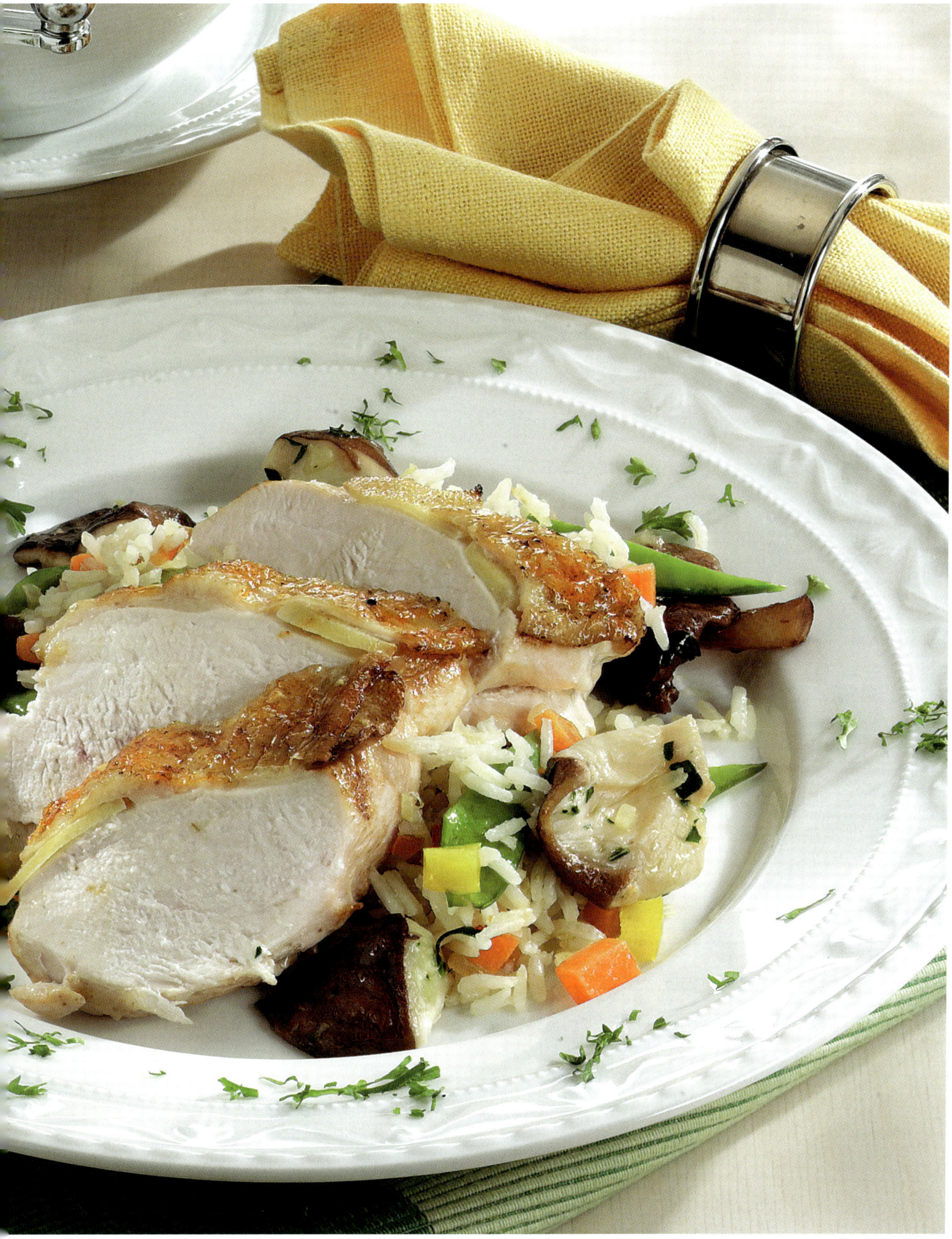

Peito de pato fumado com cogumelos portobello e rúcula

■ Para 4 pessoas

150 g de rúcula
4–8 cogumelos portobello bonitos
1 colher de chá de mostarda
2 pitada de mel
2 colheres de sopa de vinagre de *sherry*
2 gotas de essência de laranja
4 colheres de sopa de óleo de noz
4 colheres de sopa de óleo de amendoim
1 pedaço de gengibre fresco (aprox. 0,5 cm)
Sal
Pimenta
200 g de peito de pato fumado

Tempo de preparação: aprox. 15 minutos

Por porção:
aprox. 130 kcal / 545 kJ
11 g P., 9 g G., 1 g H. c.

Dica

Os cogumelos portobello estão em alta entre conhecedores, mas são difíceis de encontrar. Se os descobrir, não os largue mais! A maior parte e importados de Itália.

1 Lavar e escorrer a rúcula. Retirar as hastes mais rijas das folhas de rúcula e pôr as restantes numa tigela. Limpar e laminar os cogumelos.

2 Para o vinagrete bater a mostarda com o mel, o vinagre, a essência de laranja e o óleo. Descascar o gengibre e ralá-lo lá para dentro. Condimentar com sal e pimenta e pincelar os cogumelos com um pouco do vinagrete.

3 Misturar cuidadosamente o resto do vinagrete com a rúcula, para que todas as folhas estejam embebidas. Colocar a salada nos pratos. Distribuir os cogumelos às fatias por cima e a seguir as fatias de peito de pato fumado à temperatura ambiente. Servir com arroz selvagem.

1. Retirar as hastes rijas da rúcula.
2. Ralar o gengibre.
3. Misturar o resto do vinagrete cuidadosamente com a rúcula.

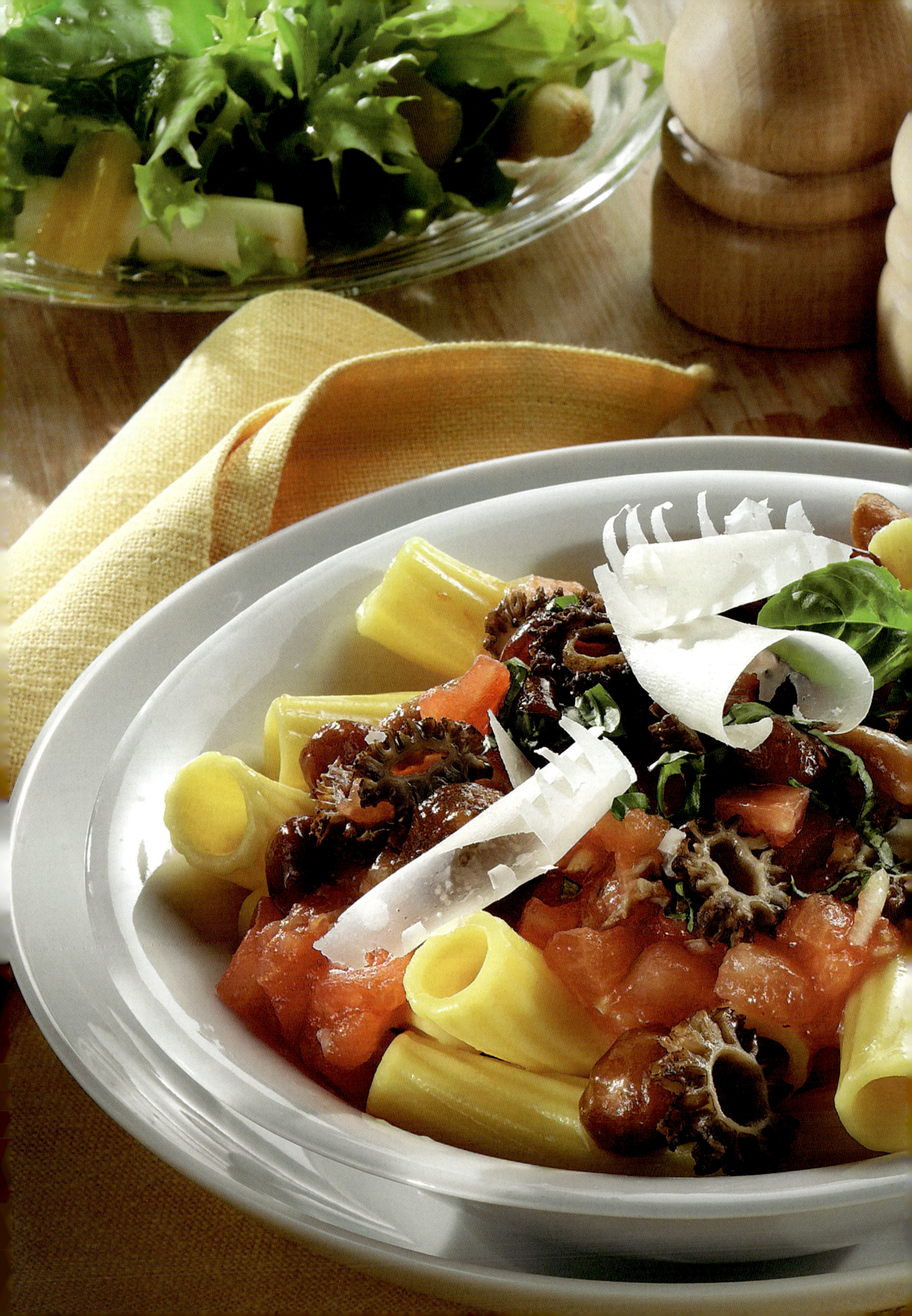

Delícias *vegetarianas*

Beringelas, massas e risottos são dotados culinariamente se aliados a deliciosas cepes, cantarelos e armilárias e com o aroma dos boletos uma iguaria inigualável. Também as trufas dão a sua nota especial!

Gratinado de armilárias, beringelas, alho-francês e tomate

■ **Para 4 pessoas**

500 g de armilárias
Sal
1 beringela
1 alho-francês
3 tomates
1 cebola
1 dente de alho
3 colheres de sopa de óleo
200 ml de caldo de legumes
2 ovos
150 g de queijo *Gouda* ralado na altura

Tempo de preparação: aprox. 20 minutos (mais tempo de repouso e cozedura)

Por porção: aprox. 320 kcal / 1344 kJ 19 g P., 25 g G., 6 g H. c.

Dica

As armilárias são cogumelos que luzem no escuro. São muito espessos, têm escamas pequeninas e são muito saborosos enquanto novos. No entanto, têm de ser escaldados primeiro.

1 Limpar as armilárias e cozê-las em água salgada durante 5 minutos. Retirá-las e deixá-las escorrer.

2 Lavar a beringela e cortá-la em fatias de cerca de 1 cm cada. Deitar-lhes um pouco de sal e deixá-las repousar 15 minutos. De seguida lavá-la, limpá-la e cortá-la aos cubos.

3 Lavar o alho-francês e cortá-lo em rodelas. Lavar o tomate, retirar-lhe o pé e cortá-lo aos cubos.

4 Descascar a cebola e o alho, cortá-los aos cubos e refogar em óleo. Juntar seguidamente as beringelas, o alho-francês, o tomate e os cogumelos e deixar refogar bem durante 3 minutos. Deitar o caldo e por fim acrescentar os ovos batidos sem parar de mexer.

5 Deitar tudo para uma assadeira ou pirex e espalhar o queijo por cima. Num forno pré-aquecido a 180° C deixá-lo dourar durante 25 minutos. Servir com baguete.

Omoleta com cogumelos

■ Para 4 pessoas

250 g de cogumelos
1 ramo de ervas aromáticas (por exemplo aneto e cebolinho)
1 chalota
30 g de manteiga
4 ovos
100 ml de natas
Sal
Pimenta granulada
Pimenta-de-caiena q. b.
800 g de queijo *Emmental* ralado na altura

Tempo de preparação:
aprox. 15 minutos
(mais tempo de cozedura)

Por porção:
aprox. 315 kcal / 1323 kJ
16 g P., 27 g G., 3 g H. c.

1 Limpar e laminar os cogumelos. Lavar o ramo de cheiros e picá-lo. Descascar a chalota e picá-la.

2 Derreter a manteiga numa frigideira. Refogar as chalotas e os cogumelos, mexendo sempre.

3 Bater os ovos com as natas e juntar as ervas. Temperar com sal, pimenta e pimenta-de-caiena. Regar os cogumelos com o preparado de ovo e ervas aromáticas e espalhar o queijo ralado por cima.

4 Deixar consolidar em lume brando, mas abanando a frigideira de quando em vez. Servir a omoleta com pão francês e manteiga de ervas aromáticas.

Dica

Há cogumelos de cultura à venda durante o ano todo. Também os *agaricus* de cultivo com os chapéus castanhos e a sua consistência tenra são um tipo de cogumelo. Têm mais aroma do que o sabor muito suave dos cogumelos brancos.

Strudel de cogumelos de Outono com molho de cebolinho

■ **Para 4 pessoas**

500 g de cogumelos de Outono, por exemplo cantarelos, setas e cogumelos da floresta
2 chalotas
3 colheres de sopa de manteiga
4 colheres de sopa de cebolinho
Sal
Pimenta
100 g de farinha
3 colheres de sopa de farinha
250 ml de caldo de vitela
250 ml de natas
Pimenta vermelha fresca

Tempo de preparação: aprox. 30 minutos (mais tempo de repouso e para assar)

Por porção: aprox. 350 kcal / 1470 kJ 9 g P., 26 g G., 21 g H. c.

Dica

Também outros cogumelos do bosque se prestam para este prato, como por exemplo, boletos, trompetas de Outono, morquelas, cogumelos do bosque, amanitas dos Césares, etc.

1 Limpar os cogumelos e cortá-los em bocadinhos. Descascar as chalotas, cortar aos cubos e refogar na manteiga. Juntar os cogumelos e refogar conjuntamente, até que os líquidos tenham evaporado. Adicionar uma colher de sopa de cebolinho e temperar com sal e pimenta. Reservar e deixar arrefecer.

2 Pré-aquecer o forno a 220° C. Peneirar a farinha em cima da superfície de trabalho, formando um montinho. Deitar uma pitada de sal e o óleo no meio e amassar. Acrescentar lentamente 3 colheres de água morna e amassar tudo com a mão, até obter uma massa consistente e homogénea. Embrulhar em película aderente e deixar repousar uma hora.

3 Estender a massa de strudel em cima de um pano de cozinha polvilhado de farinha. Distribuir o recheio de cogumelos já frio e enrolar tudo com a ajuda do pano. Colocar o strudel num tabuleiro untado e pincelá-lo com a manteiga amolecida. Deixar assar durante 35 minutos aproximadamente.

4 Para o molho, reduzir o caldo de vitela e as natas a metade em lume brando. Acrescentar o resto do cebolinho e temperar com sal e pimenta. Cortar o strudel já pronto às fatias e colocá-lo em cima do molho. Espalhar a pimenta vermelha e servir.

111

Esparguete com pleurotus eryngii frescos

■ Para 4 pessoas

450 g de esparguete
Sal
250 g de pleurotus *eryngii*
1 pé de rosmaninho
Pimenta moída na altura
80 g de manteiga
75 g de queijo parmesão ralado na altura
2 colheres de sopa de óleo

Tempo de preparação: aprox. 10 minutos (mais tempo de cozedura)

Por porção:
aprox. 648 kcal / 2720 kJ
22 g P., 27 g G., 78 g H. c.

Dica
Os cogumelos pleurotus *eryngii* estão raramente à venda, daí o seu preço elevado. Pode utilizar outros cogumelos que possam ser consumidos crus, como as cepes e os cogumelos de Paris.

1. Cozer o esparguete em água salgada até estar *al dente* e escorrê-lo.

2. Limpar os cogumelos e laminar os seus chapéus. Lavar e picar o rosmaninho retirando as suas agulhas do pé.

3. Misturar o esparguete quente e escorrido com o rosmaninho, sal, pimenta, a manteiga e 2 colheres da água de cozedura.

4. Juntar o queijo e misturar. Colocar em pratos aquecidos. Espalhar as lâminas dos cogumelos por cima, temperar com óleo e servir imediatamente.

| 1 | Laminar os chapéus dos cogumelos. | 2 | Retirar as agulhas do pé do rosmaninho. | 3 | Juntar o queijo parmesão e envolver o esparguete. |

Travessa de cepes

■ Para 4 pessoas

4 batatas grandes
1 colher de chá de manteiga
Sal
Pimenta
4 fatias de queijo Fontina
6 cepes
2–3 colheres de sopa de salsa picada
1 dente de alho
5 tomates
2–4 colheres de sopa de azeite

Tempo de preparação:
aprox. 20 minutos
(mais tempo de cozedura)

Por porção:
aprox. 245 kcal / 1027 kJ
7 g P., 9 g G., 33 g H. c.

Dica
Utilize massa cozida em vez de batatas, cubra com 200 ml de natas, misturadas com orégãos e deixe gratinar durante 30 minutos.

1 Descascar as batatas e cortá-las às fatias. Untar um pirex com manteiga, forrá-lo com as batatas e temperá-las com sal e pimenta.

2 Colocar as fatias de queijo por cima. Limpar os cogumelos e colocar os seus chapéus em cima do queijo. Picar os pés dos cogumelos e espalhá-los. Polvilhar com a salsa picada.

3 Descascar o alho e espremê-lo. Lavar o tomate e retirar-lhe o pé. Cortá-lo às fatias e dispô-lo em cima do pirex. Temperar com sal e pimenta e regar com azeite.

4 Levar o pirex ao forno (pré-aquecido) a 200° C e assar durante 15 minutos. Reduzir a temperatura para os 180° C e deixar assar mais 45 minutos.

Ensopado oriental

■ Para 4 pessoas

1 kg de cogumelos variados
3 cebolas
750 ml de caldo de legumes
1 colher de sopa de banha
1 folha de louro
5 grãos de pimenta
5 grãos de mostarda
1 kg de batatas
Sal
Vinagre
1 pitada de açúcar
1 chávena de *crème fraîche*

Tempo de preparação:
aprox. 15 minutos
(mais tempo de cozedura)

Por porção:
aprox. 253 kcal / 1061 kJ
13 g P., 3 g G., 41 g H. c.

1 Limpar os cogumelos e, de acordo com o seu tamanho, cortá-los em pedaços mais pequenos ou às fatias.

2 Aquecer a banha e fritar a cebola. Juntar os cogumelos e deixá-los refogar durante 3 minutos.

3 Adicionar o caldo, o louro e os grãos de pimenta e mostarda. Lavar as batatas, cortá-las aos cubos e cozê-las em pouca água com sal.

4 Juntar as batatas já cozidas e a água aos cogumelos. Temperar tudo com vinagre, açúcar e pimenta. Envolver com *crème fraîche* e servir.

Dica
Prepare pequenos pãezinhos de trigo com trombetas da morte secas, previamente demolhadas. Alourar os primeiros até estarem estaladiços e juntar ao ensopado de cogumelos.

Tortilha de cogumelos

■ **Para 4 pessoas**

750 g de batatas para cozer
6–8 colheres de sopa de azeite
3 cebolas
400 g de cogumelos
1 ramo de cebolinho
Sal
Pimenta preta
Noz-moscada
8 ovos

Tempo de preparação: aprox. 20 minutos (mais tempo de cozedura)

Por porção: aprox. 428 kcal / 1796 kJ
23 g P., 23 g G., 32 g H. c.

1. Descascar as batatas e lavá-las muito bem. Aquecer 2 colheres de sopa de azeite numa frigideira grande e ralar com um ralador as batatas directamente para a frigideira. Mexer enquanto frita.

2. Descascar as cebolas, cortá-las em cubinhos e juntá-las às batatas. Revolver sempre em lume brando durante 2 minutos até estarem douradas.

3. Limpar e cortar os cogumelos em fatias finas. Acrescentar os cogumelos aos outros ingredientes da frigideira e deixar cozer durante 5 minutos.

4. Entretanto lavar e cortar o cebolinho em rolinhos. Adicionar 2 colheres de sopa destes rolinhos e temperar com sal, pimenta e uma boa dose de noz-moscada raspada na altura. Deixar arrefecer.

5. Entretanto bater os ovos numa tigela à parte. Juntar o preparado com batatas e misturar tudo. Aquecer o resto do azeite na frigideira. Deitar tudo quando a azeite estiver muito quente e deixar cozer durante 10 minutos.

6. Por fim virar a tortilha com a ajuda da tampa ou de uma espátula e deixá-la ao lume durante mais 10 minutos. Deslizar a tortilha para um prato grande, cortar em fatias e espalhar o resto do cebolinho por cima.

Dica
Pode servir este prato como frigideira de batatas, cogumelos e fiambre com uma bela salada verde.

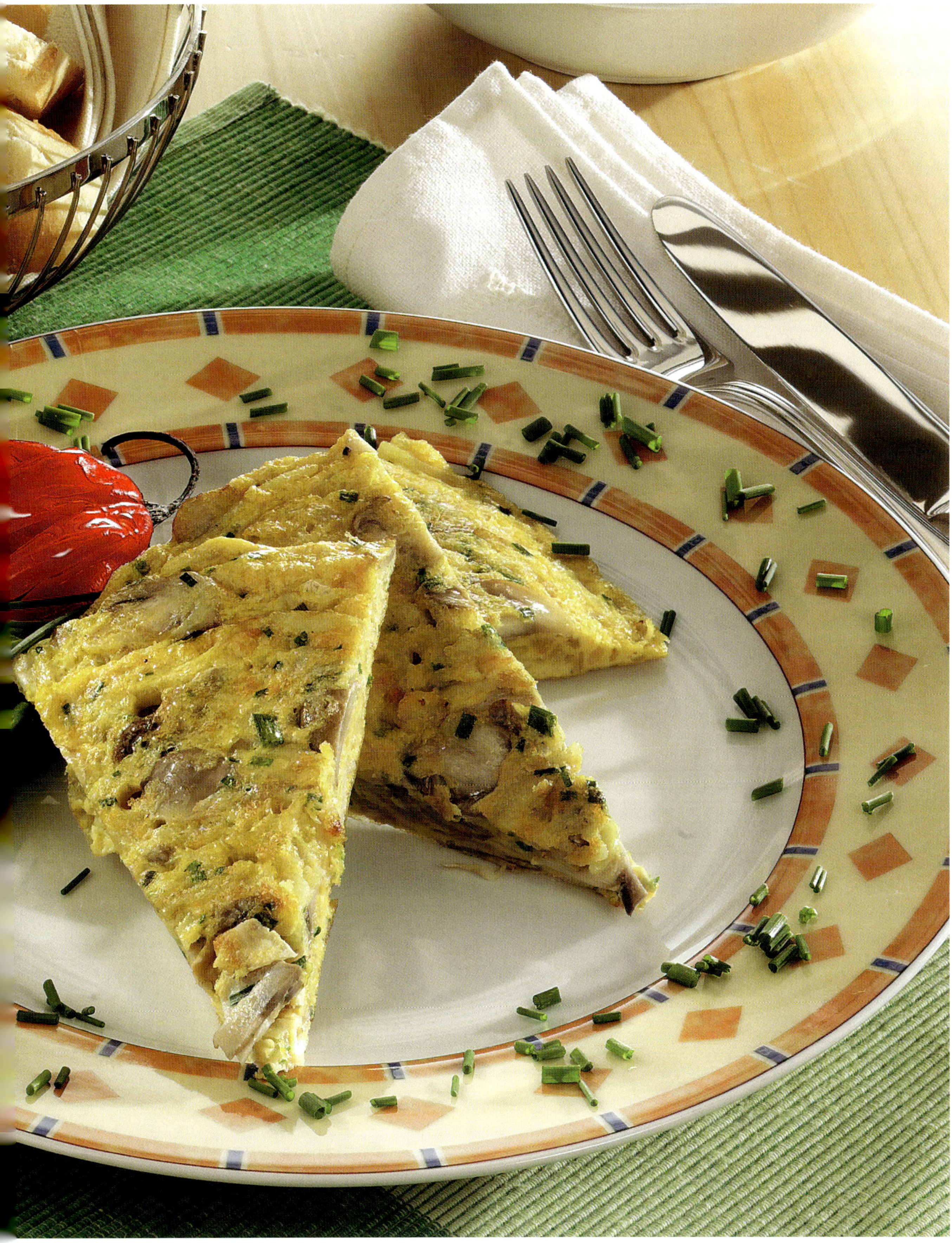

Risotto de pleurotus eryngii

■ Para 4 pessoas

3 chalotas
2–4 dentes de alho
2 colheres de sopa de azeite
200 g de arroz de *risotto*
500 ml de caldo de legumes
400 g de pleurotus *eryngii*
2 colheres de sopa de manteiga
6 colher de sopa de salsa picada
Sal
Pimenta
80 g de um queijo duro, por exemplo *pecorino*

Tempo de preparação: aprox. 15 minutos (mais tempo de cozedura)

Por porção:
aprox. 348 kcal / 1460 kJ
13 g P., 15 g G., 41 g H. c.

Dica
Em vez de cozinhar pleurotus *eryngii*, faça-o com boletos em manteiga de alho. Para o *risotto*, amoleça cogumelos trombetas em água quente e depois junte-os escorridos ao *risotto*, bem como a água.

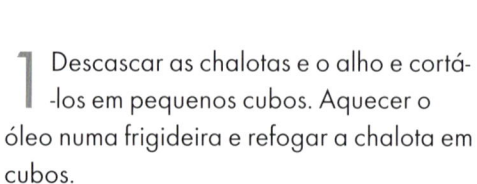

1. Descascar as chalotas e o alho e cortá-los em pequenos cubos. Aquecer o óleo numa frigideira e refogar a chalota em cubos.

2. Refogar o arroz conjuntamente até os bagos estarem transparentes. Verter um pouco do caldo de legumes quente, mexer o arroz e deixar cozer. Pouco a pouco ir deitando o resto do caldo.

3. Limpar os cogumelos e cortá-los em pedaços pequeninos. Numa segunda frigideira, refogar o alho em manteiga e adicionar os cogumelos e refogá-los até os líquidos evaporarem.

4. Antes de o *risotto* estar bem cozido, juntar os cogumelos e misturar tudo. Polvilhar com a salsa picada e mexer. Temperar com sal e pimenta. Ralar o queijo por cima, misturar e servir.

1 Deitar o caldo pouco a pouco.	**2** Juntar a salsa picada.	**3** Ralar o queijo.

Rigatoni com cogumelos escamosos e boletos

■ Para 4 pessoas

400 g de cogumelos escamosos e boletos (*suilus grevillei*)
500 g de tomate
1 cebola
3 colheres de sopa de manteiga
3–6 folhas de salva
Sal
Pimenta branca
400 g de rigatoni
75 g de queijo parmesão ralado na altura

Tempo de preparação: aprox. 15 minutos (mais tempo da cozedura)

Por porção:
aprox. 533 kcal / 2237 kJ
23 g P., 16 g G., 73 g H. c.

Dica

Os cogumelos escamosos são pequenos *cortinarius infractus* com chapéus castanhos amarelados e um rebordo mais escuro. Por dentro, o chapéu é branco e o pé castanho claro.

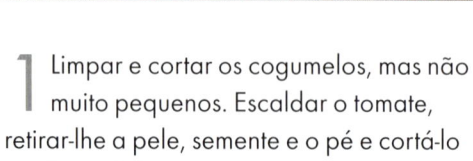

1 Limpar e cortar os cogumelos, mas não muito pequenos. Escaldar o tomate, retirar-lhe a pele, semente e o pé e cortá-lo aos bocadinhos.

2 Descascar e picar a cebola. Aquecer metade da manteiga e refogar a cebola até estar translúcida. Juntar os cogumelos e dourá-los durante 3 minutos. Lavar e picar as folhas de salva. Envolver o tomate e a salva com os cogumelos. Temperar com sal e pimenta.

3 Entretanto cozer os *rigatoni* em água com sal até estarem *al dente*, escorrê-los. Passar os *rigatoni* ainda quente por manteiga. Distribuir o molho de tomate e cogumelos por cima, espalhar o queijo ralado e servir.

Alcachofras e cogumelos com batatas

■ **Para 4 pessoas**

**4 batatas grandes
4 alcachofras
200 g de cebolas
400 g de cogumelos *shiitake*
12 cenouras novas com a rama
200 g de feijão verde
2–4 colheres de sopa de óleo
1–2 estrelas de anis
1 colher de chá folhas de tomilho
Sal
Pimenta
1 dente de alho**

Tempo de preparação:
aprox. 25 minutos
(mais tempo de cozedura)

Por porção:
aprox. 285 kcal / 1197 kJ
12 g P., 2 g G., 58 g H. c.

1 Limpar bem as batatas, lavá-las e cortá-las ao comprido. Retirar-lhes o interior, formando pequenas bolas, de modo a ficar apenas com a casca em forma de cesto. Temperá-las a gosto e levá-las ao forno 15 minutos a 200° C. Reservar o interior das batatas.

2 Limpar as alcachofras, tirando-lhes as folhas e cortando-as em 8 pedaços. Limpar as cebolas e os cogumelos. Lavar e descascar as cenouras, mantendo, no entanto, um pouco da rama. Lavar o feijão e cortá-lo aos losangos.

3 Pôr de molho a cenoura e o feijão durante 3 minutos. Alourar o interior da batata com a cebola, as alcachofras e os cogumelos em óleo com as estrelas de anis.

4 Condimentar com tomilho, sal, pimenta e um pouco de alho espremido. Rechear os cestos de batata com os legumes e servir.

Dica

O cogumelo *shiitake* é um cogumelo que cresce em madeira. Na China e no Japão há mais de 2000 anos, ele não é só apreciado como um delicado cogumelo comestível, mas também por causa dos seus múltiplos efeitos medicinais.

Polenta com cogumelos

■ **Para 4 pessoas**

25 g de cepes secas
400 g de cepes frescas
1 cebola pequena
1 dente de alho
2 colheres de sopa de azeite
80 g de manteiga
1 lata de tomate (300 ml)
Sal
Pimenta preta moída na altura
300 g de farinha de milho
75 g de queijo parmesão ralado na altura
Manjericão q. b.

Tempo de preparação:
aprox. 15 minutos
(mais tempo de amolecimento e cozedura)

Por porção:
aprox. 585 kcal / 2457 kJ
17 g P., 32 g G., 58 g H. c.

Dica
Se não tiver cogumelos frescos à mão, prepare o molho com sensivelmente três vezes a porção de cogumelos secos.

1. Amolecer os cogumelos secos em água morna durante 10 minutos. Limpar os cogumelos frescos e cortá-los às fatias.

2. Para o molho, descascar as cebolas e o alho e picá-los. Aquecer o óleo com metade da manteiga numa panela. Refogar aí a cebola e o alho. Juntar os cogumelos frescos e também os outros previamente retirados da água e cortados. Salteá-los durante 10 minutos em lume alto.

3. Cortar o tomate em pedaços pequenos e acrescentar aos cogumelos, deixando-os ao lume 20 minutos, até o líquido do tomate ter evaporado. Temperar com sal e com a pimenta moída na altura e, tapando a panela, deixá-lo estufar durante mais 30 minutos.

4. Entretanto ferver para a polenta 1 1/2 litro de água, deitar-lhe um pouco de sal e pouco a pouco juntar a farinha de milho, mexendo sempre. Mexer esta papa de milho durante 30 minutos até que a polenta se descole da panela.

5. Adicionar o resto da manteiga e metade do queijo ralado, envolvendo-os. Pôr a polenta em pratos fundos, deitando o molho no meio e distribuir o resto do queijo por cima.

6. Lavar o manjericão e retirar as folhas do pé. Cortá-las às tirinhas, deitar por cima da polenta e servir.

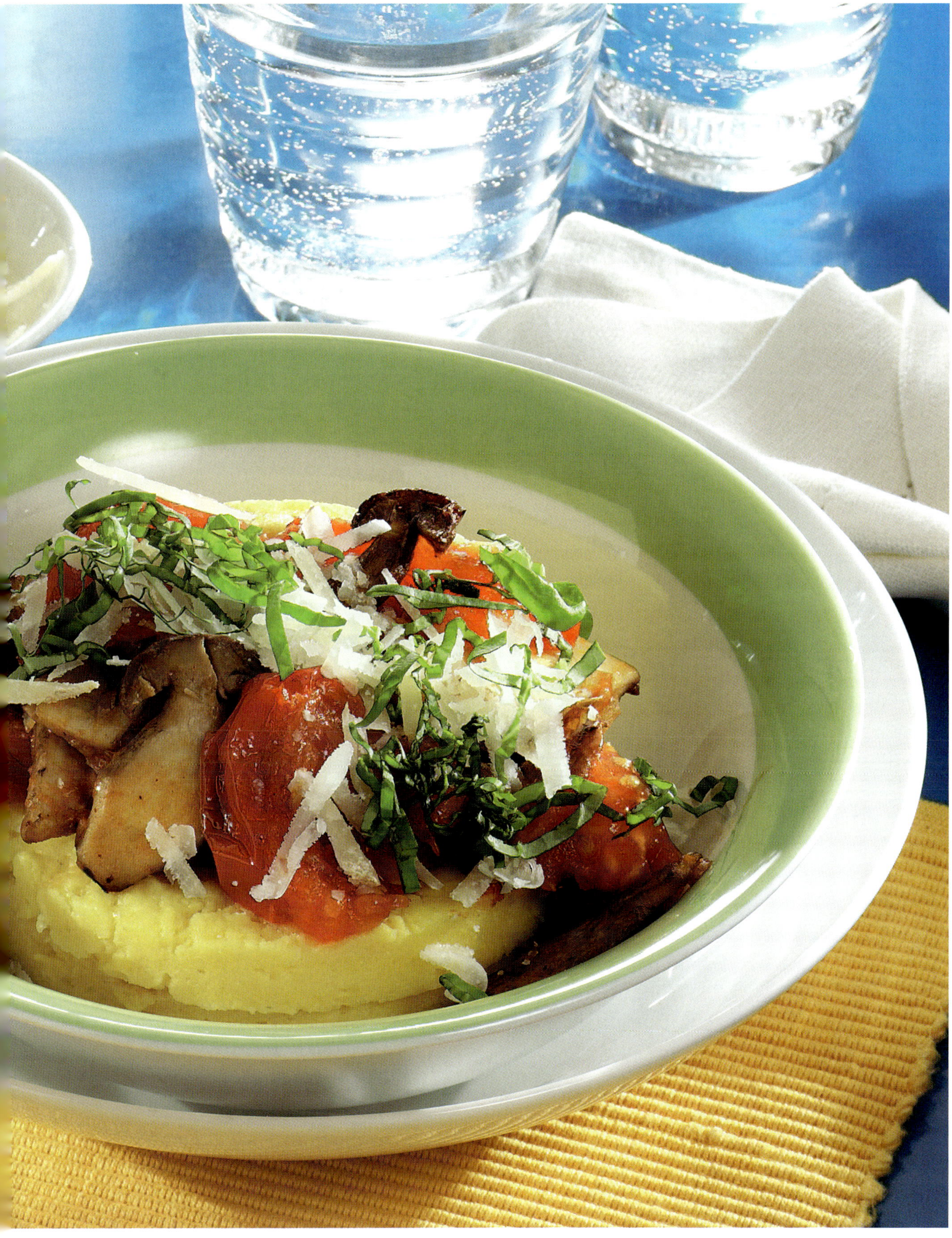

Massa com trufas negras

■ **Para 4 pessoas**

200 g de massa, tipo esparguete espalmado
Sal
350 ml de natas
125 ml de caldo de aves
Pimenta branca
Sal q. b. para as trufas
20 g de trufas negras às fatias

Tempo de preparação:
aprox. 15 minutos
(mais tempo de cozedura)

Por porção:
aprox. 443 kcal / 1859 kJ
9 g P., 29 g G., 38 g H. c.

Dica
A versão apresentada com trufas é dispendiosa. Será mais económico se utilizar menos trufas e bem laminadas essencialmente para dar sabor.

1 Cozer a massa de acordo com as instruções do pacote até estarem *al dente* e escorrê-la.

2 Misturar metade das natas com o caldo de aves e deixar levantar fervura, até reduzir a metade. Condimentar com sal, pimenta e um pouco do líquido das trufas.

3 Bater o resto das natas até estarem firmes e envolver no molho, deixando um pouco ao lume. Juntar a massa e mexer cuidadosamente, aumentando o lume para alto.

4 Colocar a massa em pratos fundos. Limpar as trufas, descascando-as eventualmente, laminá-las e espalhá-las por cima da massa. Servir imediatamente.

1	Cozer a massa em água com sal.
2	Bater as natas até ficarem firmes.
3	Envolver as natas e deixar ferver o molho.

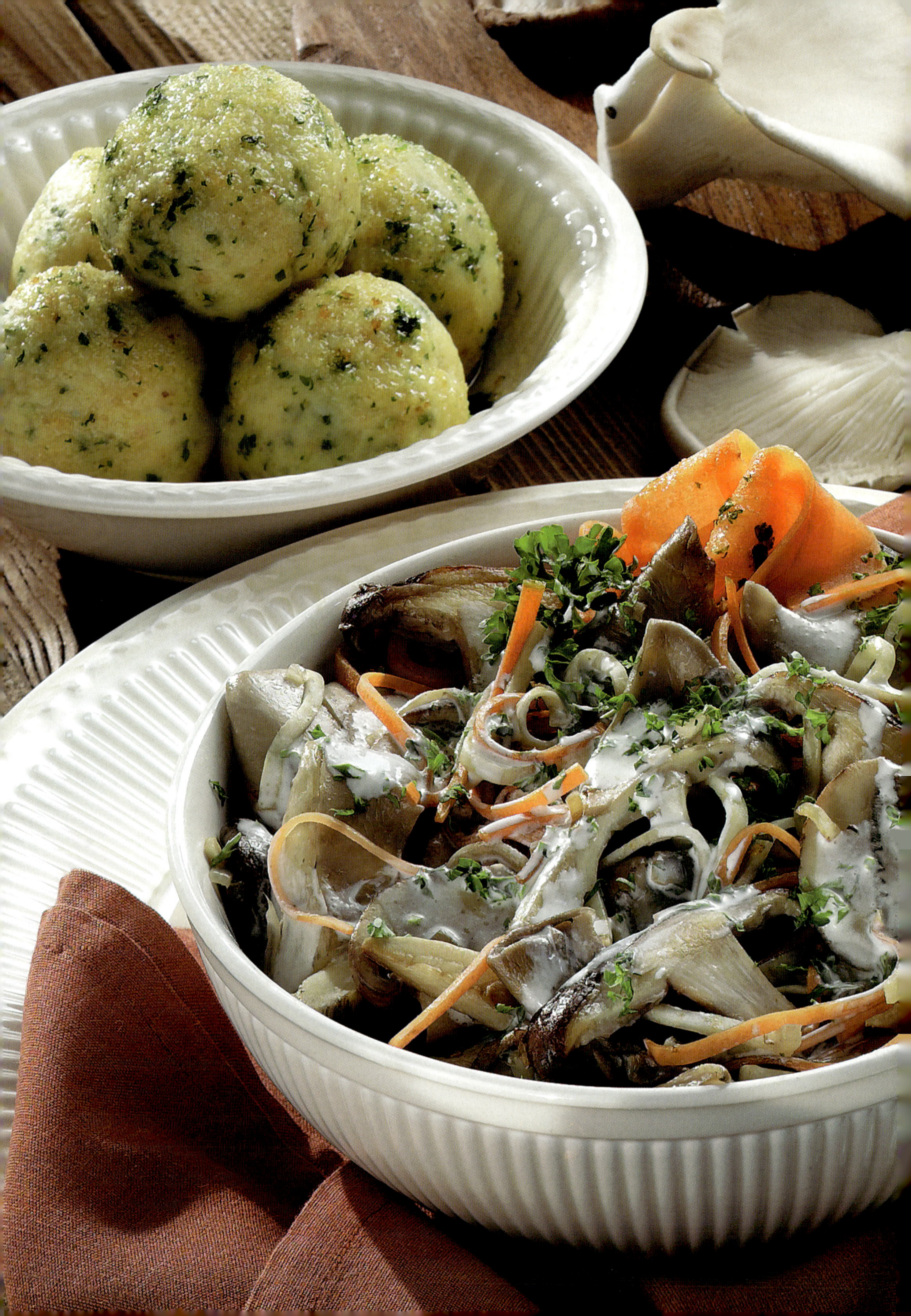

Acompanhamentos aromáticos

Em passeios primaveris ou outonais, podem-se encontrar cogumelos em luminosas florestas, bosques ou mesmo em parques na cidade. Também em mercados eles marcam a sua presença. Faça valer-se deles e regale-se com pratos com cogumelos. Os cogumelos sabem bem como acompanhamento ou prato principal!

Cogumelos da floresta com crosta de queijo

■ Para 4 pessoas

500 g de boletos de pé vermelho ou outros cogumelos silvestres
1 cebola
1 dente de alho
50 g de manteiga
Sal
Pimenta branca
200 ml de natas
Pimenta branca
2 gemas
3 colheres de sopa de cebolinho picado
80 g de queijo parmesão ralado

Tempo de preparação: aprox. 15 minutos (mais tempo de cozedura)

Por porção:
aprox. 390 kcal / 1638 kJ
13 g P., 37 g G., 3 g H. c.

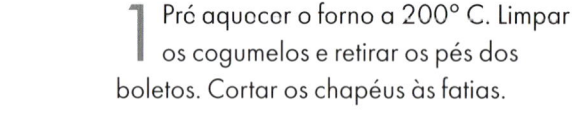

Dica
Em cogumelos novos, as lamelas e os tubos na parte de dentro do chapéu do cogumelo não devem ser retirados.

1 Pré aquecer o forno a 200° C. Limpar os cogumelos e retirar os pés dos boletos. Cortar os chapéus às fatias.

2 Descascar e picar a cebola e o alho. Aquecer 40 g de manteiga, refogar cebolas e alho até estarem translúcidos. Adicionar os cogumelos até os seus líquidos evaporarem.

3 Untar uma travessa (que vá ao forno) com o resto da manteiga. Deitar os cogumelos e temperá-los com sal e pimenta. Bater as natas com as gemas.

4 Deitar uma colher de cebolinho neste preparado de natas e o ovo e mexer. Verter para cima dos cogumelos e espalhar queijo por cima.

5 Levar ao forno pré-aquecido durante 10 – 15 minutos para gratinar. Ao servir, polvilhar com o resto de cebolinho.

Pleurotus eryngii à corredores da floresta

■ Para 4 pessoas

500 g de pleurotus *eryngii*
2 colheres de sopa de óleo
1 ramo de ervas aromáticas
60 g de manteiga
Sal
Pimenta preta

Tempo de preparação:
aprox. 20 minutos
(mais tempo de cozedura)

Por porção:
aprox. 187 kcal / 783 kJ
4 g P., 19 g G., 2 g H. c.

1 Limpar os cogumelos. Retirar os pés e utilizá-los para outro prato ou deixá-los secar.

2 Aquecer o óleo numa grande frigideira. Adicionar os cogumelos e, mexendo sempre, deixá-los alourar de cada lado 8 – 10 minutos.

3 Lavar o ramo de ervas aromáticas e picá-lo. Juntá-las à manteiga amolecida e envolver. Pôr a manteiga de ervas no frigorífico para endurecer.

4 Quando os pleurotus *eryngii* já estiverem passados, deitar-lhes uma pitada de sal e pimenta. Servir os cogumelos com a manteiga de ervas.

Embrulhos de lombardo e cogumelos estufados

■ Para 4 pessoas

200 g de arroz
Sal
12 folhas de couve lombarda
200 g de cogumelos
1 molho de cebolinhas
5 tomates
200 g de rebentos de soja
3–6 colheres de *sherry*
4–6 colheres de molho de soja
Pimenta
Fio de cozinha
300 ml de caldo de legumes

Tempo de preparação:
aprox. 25 minutos
(mais tempo de levedura)

Por porção:
aprox. 240 kcal / 1007 kJ
9 g P., 2 g G., 46 g H. c.

1. Cozer o arroz em água com sal de acordo com a indicação do pacote e escorrê-lo. Reservá-lo de parte, mantendo-o quente.

2. Limpar as folhas de lombardo. Passá-las por água com sal durante 1 minuto e escorrê-las. Cortar a nervura do meio da couve, de modo a ficar mais plana.

3. Limpar os cogumelos e cortá-los aos cubos. Lavar as cebolinhas e cortá-las às rodelas finas. Escaldar o tomate e retirar-lhe a pele e as sementes e cortá-lo aos cubinhos. Passar os rebentos de soja por água fria e escorrê-los.

4. Misturar os rebentos de soja e os outros legumes com o arroz. Condimentar com o *sherry*, o molho de soja e um pouco de pimenta moída na altura.

5. Estender as folhas de lombardo. Colocar o preparado de arroz em cima das folhas, ajeitá-lo e enrolar as folhas, formando embrulhinhos. Fincar levemente as pontas e atá-los com o fio de cozinha.

6. Verter o caldo de legumes num wok e deixar levantar fervura. Colocar os embrulhinhos em cima da grelha do wok e por cima do caldo de legumes. Tapar o wok e deixar estufar em lume brando durante 35 minutos.

7. Retirar os embrulhinhos de lombardo e cogumelos do wok, cortar o fio e servir com um molho agridoce.

Dica
Prepare um pouco mais de couve-lombarda, corte-a às tiras e junte ao recheio de arroz e cogumelos.

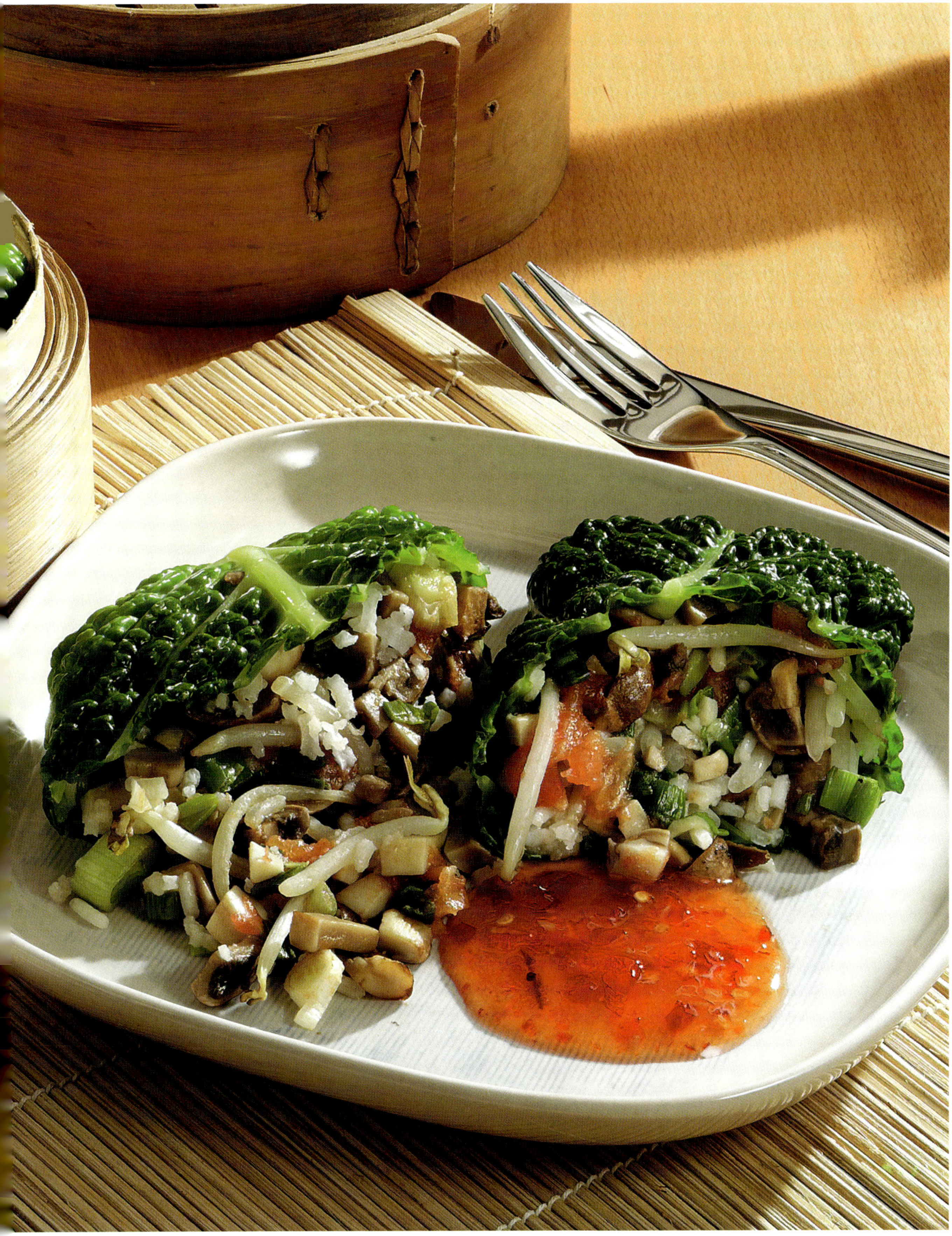

Cogumelos ostra assados com vinagrete de tomate e manjericão

■ Para 4 pessoas

2–3 tomates
3 colheres de sopa de vinagre de vinho
Sal
Pimenta preta
6 colheres de sopa de azeite
1 ramo de manjericão
600 g de cogumelos ostra
5–6 dentes de alho

Tempo de preparação: aprox. 15 minutos (mais tempo de cozedura)

Por porção: aprox. 188 kcal / 789 kJ
4 g P., 18 g G., 2 g H. c.

1 Escaldar o tomate em água a ferver, retirar-lhe a pele e as sementes e cortá-lo em cubinhos. Misturar o vinagre, sal e pimenta e bater juntamente com metade do azeite até estar cremoso. Adicionar os cubinhos de tomate.

2 Lavar o manjericão, cortá-lo em tiras e juntá-lo ao vinagrete.

3 Limpar os cogumelos ostra e retirar-lhes a parte mais rija. Saltear os cogumelos no resto do óleo e premi-los com uma espátula.

4 Descascar o alho e espremê-lo para a frigideira dos cogumelos. Temperar com sal e pimenta. Colocar os cogumelos nos pratos e servir com o vinagrete.

1. Escaldar o tomate em água a ferver.

2. Cortar o manjericão às tirinhas.

3. Saltear os cogumelos, premindo-os com uma espátula.

133

Chapéus com capa de cerveja e molho de ervas

■ Para 4 pessoas

500 g de cogumelos
2 dentes de alho
Sumo de um limão
2 ovos
200 ml de cerveja (loura)
Sal
100 g de farinha
2 colheres de sopa de manteiga amolecida
300 g de iogurte grego
200 g de natas
2-3 colheres de sopa de ervas picadas
Pimenta
Óleo

Tempo de preparação: aprox. 15 minutos (mais tempo de cozedura)

Por porção:
aprox. 280 kcal / 1176 kJ
14 g P., 12 g G., 26 g H. c.

Dica
Os cogumelos não devem ser lavados, pois absorvem muita água. Também por isso são chamados de esponjas.

1 Limpar os cogumelos e cortá-los ao meio. Descascar o alho: espremer um dos dentes para o sumo de limão e misturar com a pimenta. Inserir os cogumelos nesta marinada.

2 Entretanto, separar as claras das gemas. Misturar a gema com a cerveja. Bater as claras em castelo com uma pitada de sal. Acrescentar a farinha e misturar a manteiga também.

3 Aquecer o óleo a 170° C. Passar os cogumelos por farinha, depois pelo polme de cerveja e logo a seguir deitá-los no óleo a ferver. Deixar os cogumelos mergulhados durante 3 minutos até estarem dourados, retirá-los e absorver a gordura em papel absorvente.

4 Misturar o iogurte com as natas e as ervas. Espremer o restante alho lá para dentro, mexer tudo e temperar com sal e pimenta.

Cogumelos à selvagem

■ Para 4 pessoas

2 cenouras
2 raízes de salsa
2 cebolas
Sal
Pimenta
Vinagre
3 cubos de açúcar
2 colheres de sopa de banha
2 colheres de sopa de farinha
Sumo de 1/2 limão
200 g de natas
500 g de cogumelos variados

Tempo de preparação:
aprox. 15 minutos
(mais tempo de cozedura)

Por porção:
aprox. 160 kcal / 671 kJ
9 g P., 8 g G., 12 g H. c.

1 Limpar as cenouras e as raízes de salsa, descascá-las, lavá-las e depois cortá-las às tiras. Descascar a cebola e picá-la.

2 Em pouca água, cozer as cebolas com as cenouras, sal, pimenta e algumas gotas de vinagre. Coar com um passador e reservar o caldo.

3 Saltear as raízes de salsa com o açúcar numa colher de banha, polvilhar com farinha e torrar. Juntar as cenouras e temperar com sumo de limão. Envolver as natas.

4 Limpar e cortar os cogumelos em pedaços pequenos e refogá-los na restante banha durante 8 minutos.

5 Misturar os cogumelos, os legumes e o molho e servi-los com bolinhos de batata.

Dica

No seguimento de um longo Verão, quase que não há cogumelos na floresta. Os cogumelos de cultivo são uma alternativa.

Caçarola de cogumelos com iogurte e cominhos

■ **Para 4 pessoas**

250 g de cogumelos pequenos
250 g de cogumelos
1 alho francês pequeno
1 pimento verde
1 pimento vermelho
1 malagueta verde pequena
1 dente de alho
2 tomates
1/2 ramo de salsa
2 colheres de grão de coentros
2 colheres de óleo
1/2 colher de chá de cominhos
3 colheres de sopa de banha
100 g de iogurte natural
1/2 colher de chá de curcuma (ou açafrão)
Piripiri em pó
Sal

Tempo de preparação:
aprox. 25 minutos
(mais tempo de cozedura)

Por porção:
aprox. 153 kcal / 643 kJ
6 g P., 9 g G., 14 g H. c.

Dica
Dependendo do seu gosto, pode substituir a salsa por coentros picados.

1 Limpar os cogumelos. Cortar um pouco dos pés dos cogumelos em baixo e dividir os cogumelos ao meio. Lavar muito bem o alho-francês e cortá-lo às tirinhas.

2 Lavar os pimentos, cortá-los ao meio, retirar as sementes e cortá-los às tirinhas. Fazer o mesmo à malagueta, mas picá-la. Descascar o alho. Escaldar o tomate em água a ferver, retirar-lhe a pele, as sementes e o pé e cortá-los aos cubos.

3 Lavar a salsa e picá-la. Esmagar os grãos de coentros num almofariz. Aquecer o óleo numa frigideira e tostar os coentros e os cominhos até começarem a largar cheiro.

4 Acrescentar a banha e aquecer. Deitar os cogumelos, os pimentos e o alho francês e mexer sempre durante 2 minutos. Verter o iogurte e envolver tudo. Espremer o alho para a frigideira e deixar cozinhar durante 3 – 4 minutos.

5 Juntar a curcuma, o piripiri em pó e sal, mexendo sempre. Acrescentar o tomate e a malagueta e deixar apurar mais 10 minutos, até que os líquidos dos cogumelos evaporem. Temperar a gosto e adicionar 2/3 da salsa picada. Polvilhar com a restante e servir.

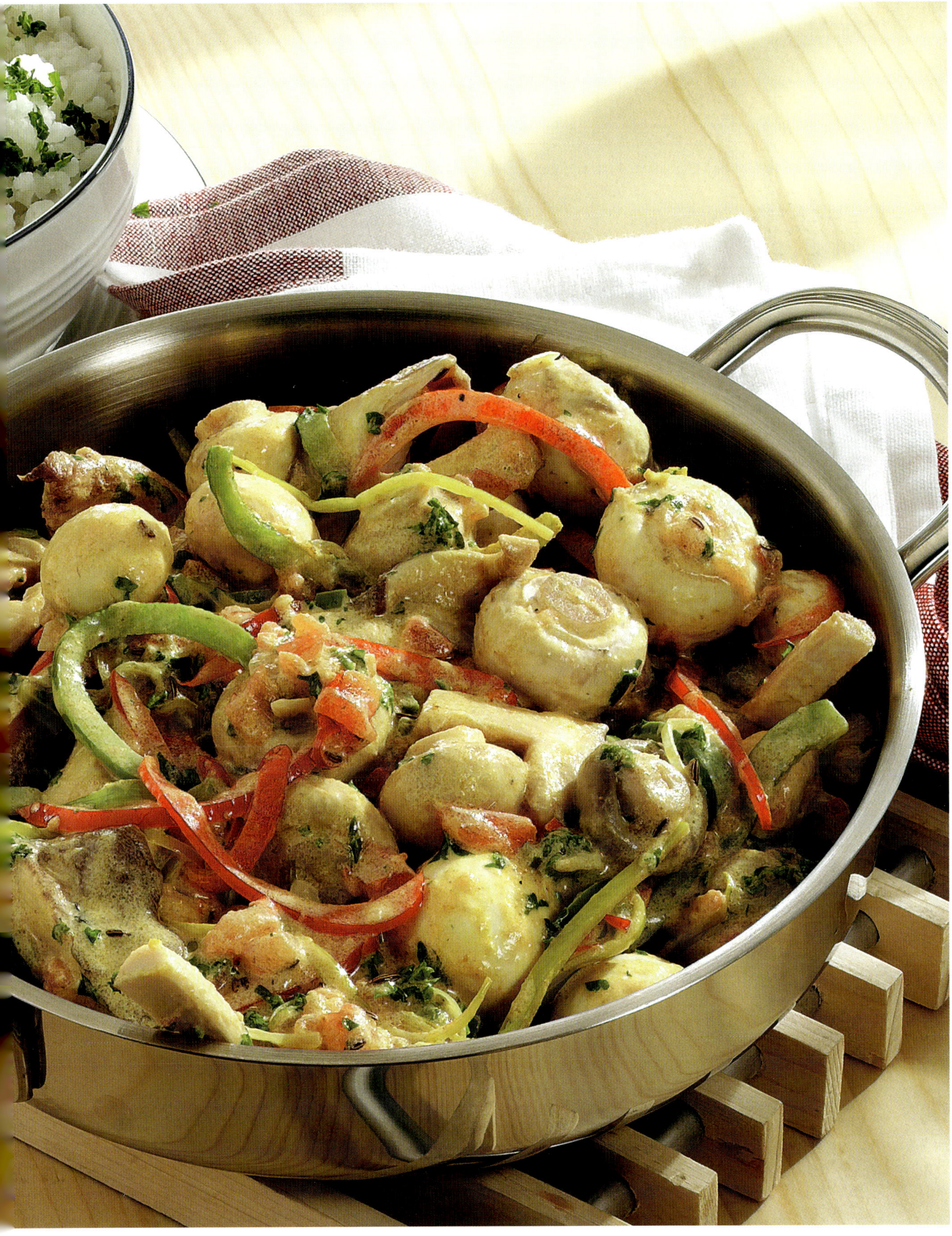

Trufas em capa de batata

■ Para 4 pessoas

**4 trufas brancas ou negras (25 g cada)
4 batatas grandes para cozer
Sal
Pimenta
3–4 gemas
Óleo de amendoim para fritar**

Tempo de preparação:
aprox. 20 minutos
(mais tempo de cozedura)

Por porção:
aprox. 213 kcal / 896 kJ
8 g P., 6 g G., 32 g H. c.

Dica

Perigueux é o grande nome da gastronomia dos Perigords, uma região no sudoeste de França. As trufas negras desta região são tidas como as melhores do mundo.

1. Limpar as trufas e cortá-las em fatias finas. Lavar essas fatias, escorrê-las e picá-las.

2. Descascar e lavar as batatas. Cozer duas das batatas em água com sal, de seguida passá-las pelo passe-vite e temperar com sal e pimenta.

3. Misturar as gemas com as trufas picadas e juntar ao puré. Aquecer a fritadeira a 170° C.

4. Cobrir cada trufa com uma capa de batata. Ralar as outras batatas. Passar as trufas cobertas pelas batatas raladas.

5. Fritar as trufas cuidadosamente em óleo a ferver durante 10 minutos até estarem douradas. Retirá-las da fritadeira e colocá-las em papel absorvente. Servir imediatamente.

| 1 | Passar as batatas cozidas pelo passe-vite. | 2 | Ralar os restos das batatas. | 3 | Passar as trufas com capa de batata pela batata ralada. |

Cogumelos ostra em capa de vinho com molho roquefort

■ **Para 4 pessoas**

2 ovos
250 ml de vinho branco seco
200 g de farinha de trigo
Sal
600 g de cogumelos ostra
Pimenta
150 g de *roquefort*
100 ml de leite
200 g de natas
1 colher de chá de grãos de pimenta verde
Gordura para fritar

Tempo de preparação:
aprox. 15 minutos
(mais tempo de cozedura)

Por porção:
aprox. 458 kcal / 1922 kJ
23 g P., 22 g G., 40 g H. c.

Dica
Estes cogumelos com molho *roquefort* são um delicioso jantar se acompanhados de pão fresco e uma salada verde.

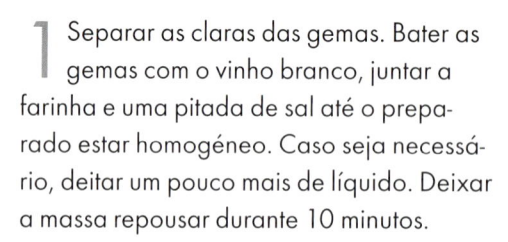

1 Separar as claras das gemas. Bater as gemas com o vinho branco, juntar a farinha e uma pitada de sal até o preparado estar homogéneo. Caso seja necessário, deitar um pouco mais de líquido. Deixar a massa repousar durante 10 minutos.

2 Limpar os cogumelos ostra e retirar-lhes os pés. Cortar os grandes ao meio e temperar com sal e pimenta.

3 Bater as claras em castelo e envolvê-las com a massa de vinho cuidadosamente. Passar o *roquefort* por uma peneira e misturar com o leite homogeneamente. Adicionar as natas e os grãos de pimenta e misturar tudo cuidadosamente.

4 Aquecer a gordura a 170° C. Passar os cogumelos pelo polme e mergulhar na gordura a ferver até ficarem dourados. Retirá-los e colocá-los sobre papel absorvente de modo a absorver a gordura excessiva. Servir com o molho *roquefort*.

Composição de cogumelos

■ Para 4 pessoas

200 g de cepes
200 g de estrofarias ou trombetas da morte
200 g de cogumelos ostra
50 g de manteiga
Sal
Pimenta moída na altura
3–4 pés de salsa, cerefolho e estragão (de cada)
Papel de alumínio

Tempo de preparação:
aprox. 15 minutos
(mais tempo de cozedura)

Por porção:
aprox. 122 kcal / 511 kJ
5 g P., 11 g G., 2 g H. c.

1 Aquecer o forno a 220° C. Limpar os cogumelos e retirar a parte mais rija dos cogumelos ostra. Dependendo do seu tamanho, cortá-los um pouco em pedaços pequenos.

2 Untar 4 formas pequenas para soufflé com um pouco de manteiga. Distribuir os cogumelos pelas formas e colocar a restante manteiga por cima. Temperar os cogumelos com sal e pimenta.

3 Lavar as ervas. Picar a salsa. Retirar as folhas dos pés de cerefolho e estragão e picá-las. Reservar algumas folhas de cerefolho.

4 Espalhar as ervas picadas em cima dos cogumelos. Tapar as formas com papel de alumínio e levar ao forno a 200° C durante 10–15 minutos.

5 Retirar as formas do forno, tirar o papel de alumínio. Decorar os cogumelos com o resto do cerefolho e servir quente.

Dica
Coloque nas formas algumas fatias de batata cozida, antes de as rechear com os cogumelos.

Empada de armilárias

■ **Para 4 pessoas**

225 g de farinha
50 g de gordura de coco a amolecida
Sal
2 colheres de chá de sumo de limão
150 ml de água gelada
250 g de manteiga rija
2 chalotas
2 dentes de alho
500 g de armilárias diversos ou outro tipo de cogumelos silvestres
3 colheres de salsa picada
150 g de *crème double*
1 gema
1 colher de sopa de leite
Farinha para estender a massa
Papel vegetal

Tempo de preparação: aprox. 35 minutos minutos (mais tempo de arrefecimento e cozedura)

Por porção:
aprox. 918 kcal / 3854 kJ
12 g P., 79 g G., 44 g H. c.

1. Amassar a farinha com a gordura de coco e o sal de modo a obter uma massa seca e quebradiça. Adicionar o sumo de limão e água q. b., de modo a amolecer a massa e para não colar. Deixá-la repousar num local frio.

2. Entender a massa em forma de rectângulo. Cortar 125 g de manteiga aos cubos e distribuir metade dessa quantidade em 2/3 da massa. Esticar um 1/3 da massa sem manteiga e tapar os outros dois terços. Deixar a massa repousar durante 20 minutos num local frio. Repetir o último procedimento e voltar a pôr a massa no frio durante mais 20 minutos.

3. Descascar e picar as chalotas e o alho. Limpar os cogumelos e cortá-los às fatias. Aquecer a manteiga e refogar as chalotas e o alho até estarem translúcidos. Acrescentar os cogumelos e deixá-los estufar durante 40 minutos. Os líquidos devem evaporar.

4. Juntar a salsa e o *crème double*, temperar com sal e pimenta e deixar arrefecer. Aquecer o forno a 220° C.

5. Forrar uma travessa ou tabuleiro com papel vegetal. Estender metade da massa e colocá-la no tabuleiro prensando-o bem. Recheá-la no meio com o preparado de cogumelos e tapá-la com o resto da massa. Fincar bem o rebordo e fazer duas aberturas na parte de cima da massa.

6. Decorar com o resto da massa. Misturar o ovo com o leite e pincelar a parte de cima da massa. Levar ao forno pré-aquecido a 220° C e deixá-la assar durante cerca de 45 minutos.

143

Cantarelos em molho de manjericão

■ Para 4 pessoas

500 g de cantarelos
200 g de tomate
1 cebola
1 dente de alho
2 colheres de sopa de manteiga
1 colher de sopa de óleo
150 ml de leite
200 ml de caldo de carne
200 g de queijo fresco de ervas
1 molho de manjericão
30 g de pinhões
Sal
Pimenta

Tempo de preparação:
aprox. 15 minutos
(mais tempo de cozedura)

Por porção:
aprox. 333 kcal / 1397 kJ
12 g P., 29 g G., 7 g H. c.

Dica
Também pode deitar sementes de girassol torradas em cima dos cogumelos.

1 Limpar os cantarelos. Escaldar o tomate em água a ferver e retirar-lhe a pele, as sementes e o pé e cortá-lo aos cubos. Cortar e picar a cebola e o alho.

2 Aquecer a manteiga e o óleo e saltear os cogumelos. Juntar a cebola e o alho alourando-os levemente. Regar com o leite e o caldo e acrescentar o queijo. Deixar ao lume 5 minutos.

3 Lavar o manjericão e cortar algumas folhas às tiras.

4 Tostar os pinhões numa frigideira sem gordura. Juntar as tiras de manjericão e o tomate aos cogumelos. Temperar com sal, pimenta e o sumo de limão.

5 Espalhar os pinhões e as folhas de manjericão por cima dos cogumelos.

1 Retirar as sementes e cortar o tomate aos cubos.

2 Regar com leite.

3 Tostar os pinhões numa frigideira sem gordura.

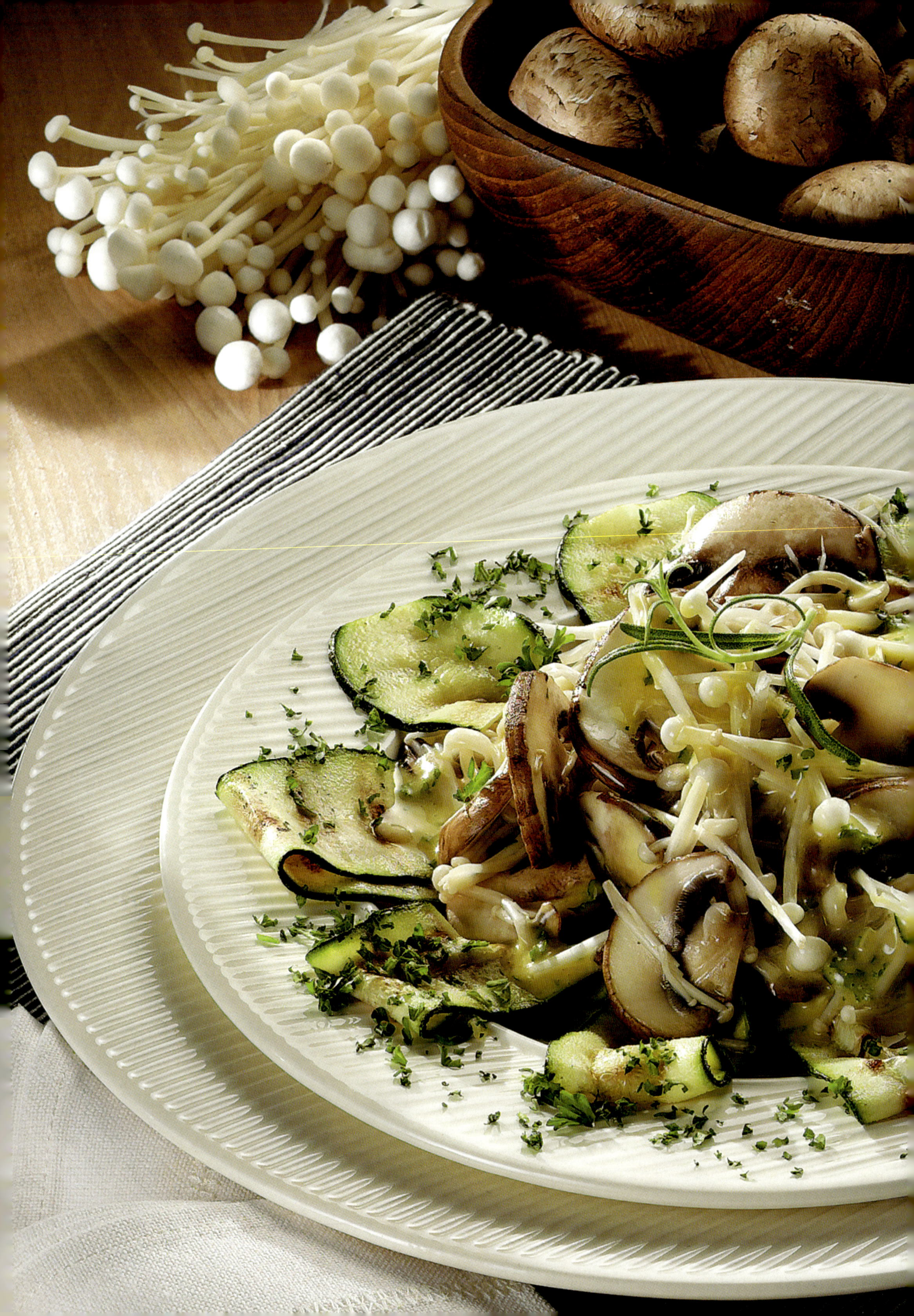

Frescos e estaladiços: cogumelos e salada

Para saladas, os cogumelos têm de ser sempre muito frescos. Associados a outros ingredientes de salada, sobressalta o seu acentuado aroma. Ervas frescas, como tomilho, manjericão, estragão e pimpinela prestam-se a condimentá-los.

Salada de cepes com maçã

■ **Para 4 pessoas**

10 cepes pequenas
1 maçã verde
Sumo de 1/2 limão
1 chalota pequena
Sal
Pimenta branca
moída na altura
4 colheres de sopa
de óleo de grainha
de uva
2 colheres de sopa
de pinhões

Tempo de preparação:
aprox. 15 minutos

Por porção:
aprox. 71 kcal / 299 kJ
5 g P., 2 g G., 7 g H. c.

Dica
As cepes são cogumelos muito conhecidos e saborosos. Elas crescem em florestas de árvores de folha caduca e espinhosa, muito frequentemente debaixo de abetos.

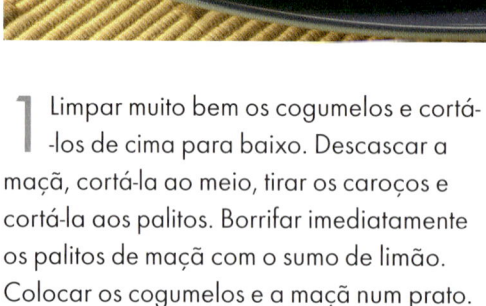

1. Limpar muito bem os cogumelos e cortá-los de cima para baixo. Descascar a maçã, cortá-la ao meio, tirar os caroços e cortá-la aos palitos. Borrifar imediatamente os palitos de maçã com o sumo de limão. Colocar os cogumelos e a maçã num prato.

2. Para a marinada, descascar e picar as chalotas. Misturar o resto do sumo de limão com um pouco de sal, pimenta branca moída na altura e o óleo de grainha de uva. Acrescentar as chalotas picadas.

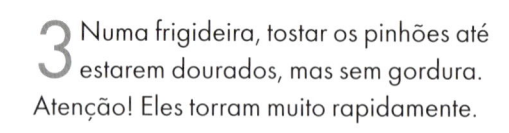

3. Numa frigideira, tostar os pinhões até estarem dourados, mas sem gordura. Atenção! Eles torram muito rapidamente.

4. Deitar a marinada em cima da salada e espalhar os pinhões por cima. Servir imediatamente. Com este prato combinam torradas com manteiga.

Salada de cogumelos com vinagrete de marmelos e fiambre

■ Para 4 pessoas

4 colheres de vinagre de vinho branco
1 colher de sopa de marmelada
Sal
Pimenta
5 colheres de sopa de óleo
1 ramo de cebolinho
1 cebola roxa
1 alface
200 g de cogumelos escamosos
4 cogumelos médios
2 colheres de sopa de manteiga
4–8 fatias fininhas de fiambre

Tempo de preparação:
aprox. 15 minutos
(mais tempo da cozedura)

Por porção:
aprox. 73 kcal / 307 kJ
4 g P., 6 g G., 2 g H. c.

1 Misturar o vinagre com a marmelada, temperar com sal e pimenta q. b. Juntar 4 colheres de óleo e bater. Lavar o cebolinho, cortá-lo em rolinhos e adicionar ao molho.

2 Descascar a cebola, cortá-la em rodelas fininhas e juntar também. Lavar a alface, arrancar as folhas, dividi-las em pedaços mais pequenos e colocar no prato.

3 Limpar e cortar os cogumelos às fatias. Aquecer a manteiga com o resto do óleo e saltear os cogumelos durante 5 minutos. Temperar com sal e pimenta.

4 Colocar os cogumelos sobre as folhas de alface e distribuir o fiambre por cima. Regar com o vinagrete e servir.

Prato de cogumelos e tomate

■ **Para 4 pessoas**

400 g de cogumelos de Paris ou amanitas dos Césares
2–4 tomates
Alface
5–7 pés de manjericão
1 colher de vinagre balsâmico
Sal
Pimenta fresca moída na altura
2 colheres de óleo de semente de girassol ou de noz
10 nozes (miolo)
Queijo

Tempo de preparação: aprox. 15 minutos (mais tempo de repouso)

Por porção: aprox. 196 kcal / 822 kJ 7 g P., 17 g G., 5 g H. c.

Dica

O amanita dos Césares é tido como o cogumelo mais nobre da superfície da terra e só poder ser comido cru. Há alguma dificuldade de os encontrar em mercados e apanhadores de cogumelos que saibam onde ele cresce, não confiam este segredo praticamente a ninguém.

1. Limpar os cogumelos e cortá-los em fatias muito finas. Lavar o tomate, retirar-lhe o pé e cortá-lo também em fatias finas.

2. Lavar as folhas de alface muito bem e deixá-las secar em cima de um pano. Colocar os cogumelos, o tomate e a alface num prato grande de forma decorativa.

3. Lavar o manjericão, retirar as folhas e cortá-las às tiras. Reservar algumas folhas inteiras para a decoração.

4. Misturar o vinagre com sal e pimenta, juntar o óleo e condimentá-lo. Deitar esta marinada sobre a salada e deixar a salada repousar cerca de 15 minutos.

5. Partir o miolo de nós em quartos ou grosseiramente. Tostá-los numa frigideira sem gordura e distribuir sobre a salada. Decorar com as restantes folhas de manjericão e eventualmente polvilhar com pimenta moída.

6. Laminar o queijo e espalhar por cima da salada e servir.

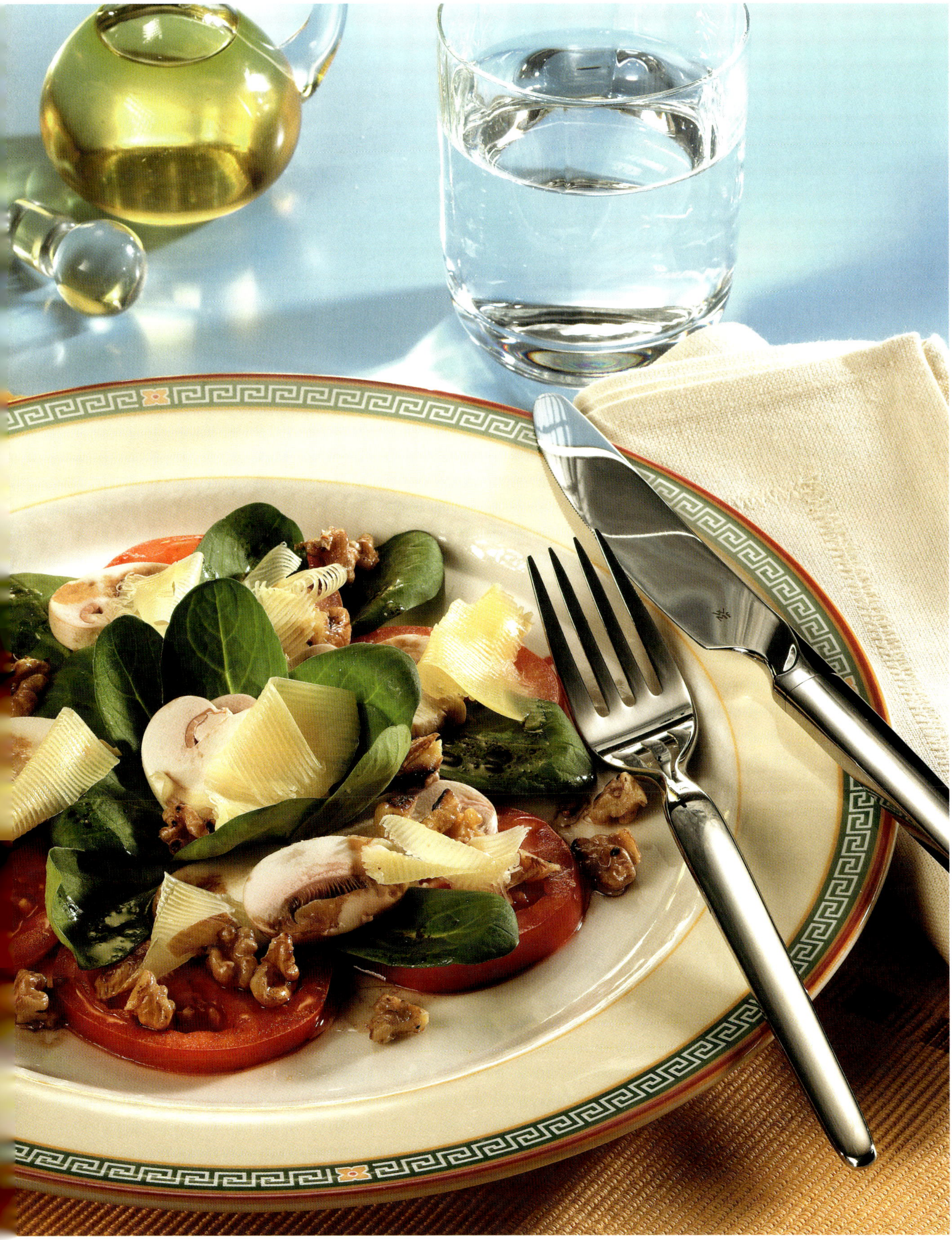

Salada de cogumelos com cebolinhas e airelas

■ Para 4 pessoas

250 g de cantarelos
1 ramo de cebolinhas
3 colheres de sopa de óleo
200 g de cogumelos da floresta
Sumo de limão q. b.
Sal
Pimenta
6 colheres de sopa de vinagre de vinho branco
2 colheres de sopa de airelas (de conserva)
2 fatias de pão
2 colheres de sopa de manteiga de alho

Tempo de preparação: aprox. 20 minutos (mais tempo de cozedura)

Por porção: aprox. 190 kcal / 796 kJ
4 g P., 14 g G., 12 g H. c.

Dica
Os cogumelos, especialmente cogumelos silvestres, não devem ser lavados. É suficiente limpá-los com um pincel.

1 Limpar os cantarelos e eventualmente cortá-los. Lavar as cebolinhas e cortá-las em bocados pequenos.

2 Aquecer o óleo e deitar os cantarelos e as cebolinhas mexendo sempre alourando-os durante 5 minutos. Limpar os cogumelos, laminá-los e borrifá-los imediatamente com um pouco de sumo de limão.

3 Temperar os cantarelos com sal e pimenta e regá-los com vinagre. Colocar os cantarelos e os cogumelos num prato.

4 Espalhar as airelas por cima. Tirar as partes do pão e cortá-lo aos cubinhos e dourá-lo em manteiga de ervas. Espalhar os cubinhos de pão frito por cima da salada.

1. Cortar as cebolinhas em pequenos pedaços.
2. Laminar os cogumelos.
3. Adicionar o vinagre.

Salada de espargos com morquelas

■ Para 4 pessoas

1 1/2 kg de espargos
1 colher de sopa de sal, açúcar
Vinagrete
100 ml de caldo de espargos
2 colheres de sopa de vinagre de vinho branco
Pimenta branca moída na altura
150 g de morquelas
Folhas de cerefolho para guarnição

Tempo de preparação: aprox. 15 minutos (mais tempo de cozedura e marinada)

Por porção:
aprox. 80 kcal / 335 kJ
8 g P., 1 g G., 10 g H. c.

Dica
Combinam com esta salada batatas novas, daquelas que se pode comer a pele.
As fatias de cogumelos podem ser refogadas em manteiga ou em óleo de noz.

1. Lavar e limpar os espargos e cortá-los em pedaço iguais. Aquecer 750 ml de água numa panela grande, juntar o sal e açúcar q. b. Cozer os espargos entre 10–15 minutos, retirá-los da panela e escorrê-los.

2. Medir cerca de 100 ml do caldo de espargos e misturar com o vinagre e um pouco de pimenta branca. Temperar com sal e açúcar e deitar sobre os espargos ainda quentes. Deixar os espargos a marinar pelo menos 30 minutos no frigorífico.

3. Entretanto limpar e lavar os morquelas. Retirar os pés e cortar os morquelas às fatias. Aquecê-las em 3 colheres em água dos espargos e temperar com sal e pimenta.

4. Colocar os espargos num prato e regar com a marinada. Colocar os morquelas por cima e espalhar folhas de cerefolho.

Salada de cogumelos com maionese

■ Para 4 pessoas

300 g de cogumelos variados, por exemplo cepes e cogumelos da floresta
Sumo de um limão
2–4 colheres de óleo de noz
1 gema de ovo
Sal
Pimenta
1 dente de alho
100 ml de azeite
Vinagre
1 ramo de salsa

Tempo de preparação:
aprox. 15 minutos
(mais tempo de cozedura)

Por porção:
aprox. 147 kcal / 616 kJ
3 g P., 14 g G., 2 g H. c.

Dica

As cepes prestam-se muito bem para a preparação de uma salada com cogumelos crus. Utilizam-se os exemplares mais pequenos especialmente porque são menos sujeitos a vermes.

1 Limpar os cogumelos e cortá-los em fatias finas. Borrifar as fatias de cogumelos da floresta com o sumo de meio limão.

2 Aquecer o óleo de noz numa frigideira e saltear os cogumelos durante 5 minutos, mexendo sempre. Retirá-los e deixá-los arrefecer.

3 Para a maionese, bater com a varinha mágica a gema com sal, pimenta e o restante sumo de limão de modo a obter um preparado espumoso. Descascar o alho e espremê-lo lá para dentro. Mexendo sempre, ir deitando os 100 ml de azeite em fio. Temperar a maionese com sal, pimenta e vinagre.

4 Lavar a salsa, picá-la muito miudinha e adicioná-la à maionese. Colocar os cogumelos no prato, distribuir a maionese por cima e servir a salada.

155

Salada colorida com estrofarias, cepes e cogumelos escamosos

■ **Para 4 pessoas**

1 alface pequena
4 tomates
2 cenouras
300 g de estrofarias, cepes ou cogumelos escamosos de conserva
30 g de manteiga
1 pimento laranja e outro amarelo
1 chalota
1 dente de alho
2 colheres de sopa de vinagre
Sal
Pimenta
3–4 de óleo
Ramo de ervas aromáticas da época

Tempo de preparação: aprox. 20 minutos (mais tempo de cozedura e repouso)

Por porção: aprox. 170 kcal / 715 kJ 5 g P., 13 g G., 8 g H. c.

1. Lavar a alface e retirar-lhe as folhas, partindo-as em pedaços mais pequenos. Escaldar o tomate em água a ferver, retirar-lhe a pele e as sementes e cortá-lo aos cubinhos. Lavar e descascar as cenouras e ralá-las.

2. Limpar os cogumelos, cortá-los às tiras e numa frigideira salteá-los em manteiga quente durante 5 minutos, mexendo sempre. Colocar os cogumelos escamosos sobre um passador e deixá-los escorrer. Acrescentá-los e misturar com os outros cogumelos. Reservar os cogumelos de parte.

3. Lavar os pimentos, cortá-los ao meio e retirar-lhes o pé e as sementes. Cortá-los às tiras. Descascar a chalota e o alho e picá-los. Misturar tudo numa tigela.

4. Para o molho da salada, bater o vinagre com o sal, a pimenta e o óleo e condimente-o até ficar picante. Lavar e picar as ervas.

5. Deitar o molho e metade das ervas nos ingredientes da salada. Acrescentar os cogumelos, mexer tudo e deixar repousar durante 15 minutos. Decorar a salada com as restantes ervas picadas e servir.

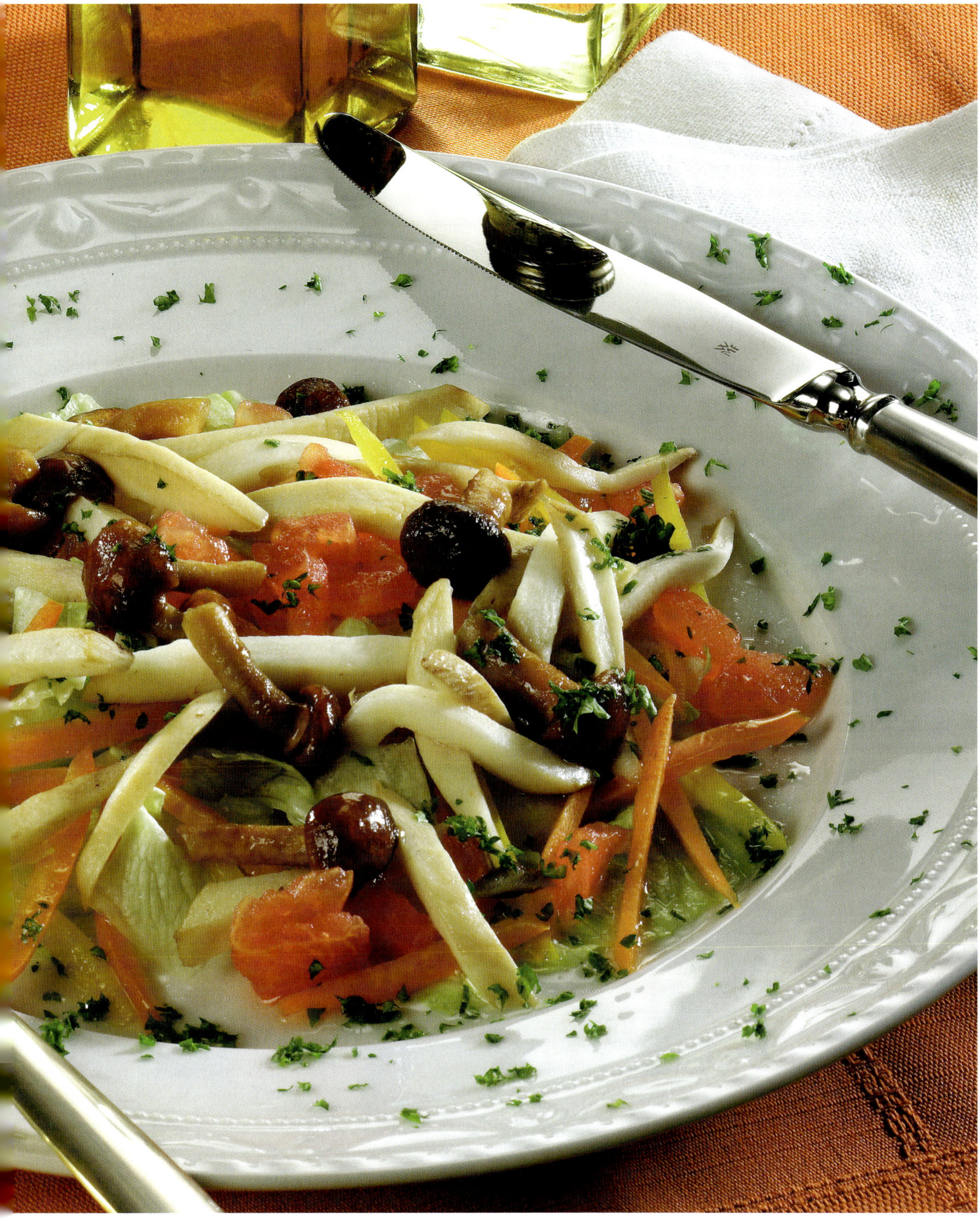

Salada quente de cogumelos ostra

■ **Para 4 pessoas**

**800 g de *courgettes*
500 g de cogumelos ostra
7 colheres de sopa óleo
Sal
Pimenta
3 colheres de sopa de limão
1 colher de chá de açúcar
1 dente de alho
Cebolinho q. b.**

Tempo de preparação:
aprox. 20 minutos
(mais tempo de cozedura)

Por porção:
aprox. 249 kcal / 1046 kJ
7 g P., 22 g G., 6 g H. c.

Dica

Os cogumelos ostra devem ser colhidos novos, pois os mais velhos tornam-se duros. Os cogumelos ostra costumam crescer em fardos de palha, logo depois de 14 dias podem ser colhidos.

1 Lavar as *courgettes*, cortar-lhes as pontas e cortá-las aos cubinhos. Limpar os cogumelos ostras e cortá-los em pedaços. Saltear os cogumelos e as courgettes em 3 colheres de óleo mexendo sempre durante 10 minutos. Temperar com sal e pimenta de modo a ficar picante.

2 Bater o sumo de limão com sal e pimenta q. b. e o açúcar. Envolver com o resto do óleo. Descascar o alho, espremê-lo e mexer tudo.

3 Misturar os legumes com o molho. Lavar o cebolinho, cortá-lo em anéis e espalhá-los por cima da salada. Uma baguete com manteiga de ervas aromáticas combina muito bem com este prato.

1 Cortar as *courgettes* em cubinhos.	**2** Espremer o alho.	**3** Cortar o cebolinho em anéis.

Índice de receitas

Alcachofras e cogumelos com batatas.................... 121

Bife de salmão com estragão e cogumelos................... 54
Bifes de atum grelhados com cogumelos shiitake e legumes... 52

Caçarola de cogumelos com iogurte e cominhos 136
Caldeirada com cantarelos frescos 60
Cantarelos em molho de manjericão................. 144
Cantarelos num clássico molho branco 32
Carpaccio de vaca com cogumelos laminados 80
Cepes à francesa................ 29
Chapéus com capa de cerveja e molho de ervas 134
Codornizes brilhantes com cepes...................... 90
Coelho com creme de morquelas 89
Cogumelos à selvagem........ 135
Cogumelos da floresta com crosta de queijo............. 128
Cogumelos estaladiços com dip de tomate e aneto 35
Cogumelos ostra assados com vinagrete de tomate e manjericão 132
Cogumelos ostra em capa de vinho com molho roquefort.... 140
Cogumelos ostra marinados com pimenta verde 30
Cogumelos portobello à francesa 38
Cogumelos shiitake assados com camarões gigantes 64
Composição de cogumelos..... 141
Creme de cepes................. 22
Crostata com boletos........... 36
Crostini com trufas negras 44

Embrulhos de lombardo e cogumelos estufados 130
Empada de armilárias........... 142
Empada de cogumelos do bosque no forno.......... 42
Empadinhas com ragout de cogumelos e estragão 40

Ensopado oriental 115
Esparguete com pleurotus eryngii frescos 112
Espetadas de carne e cogumelos com risotto de pimentos........ 78

Faisão supremo com trufas 100
Febras com cogumelos e maçã ... 74
Filete de lucioperca com molho de trufas..................... 58
Filetes de solha preta com cogumelos 62
Folhado de salmão com trio de cogumelos em cama de espinafre................. 56
Frango com cogumelos silvestres .. 95

Galinha com ervas, chalotas e cogumelos 96
Galinha-de-Angola assada com cantarelos 88
Galinha-de-Angola com trufas ... 98
Gratinado de armilárias, beringelas, alho-francês e tomate ... 108
Guisado de veado com cogumelos escamosos......... 94

Lombo de porco com morquelas e alho-francês 75
Lombo de veado com cogumelos com ervas 92
Lucioperca estufada com cogumelos do bosque 49

Massa com trufas negras........ 124
Medalhões de borrego com molho de tomate e alcaparras e cogumelos 69
Mexilhões em molho condimentado 61
Morilles à la crème 34
Morquelas em tostas 28

Omoleta com cogumelos 109

Peito de frango com gengibre e cogumelos shiitake 102
Peito de frango em fricassé de espargos e morquelas 101
Peito de pato fumado com cogumelos portobello e rúcula 104
Peixe vermelho com cogumelos creme..................... 48

Perna de borrego recheada de cogumelos silvestres 70
Piccata de vitela com cepes 68
Pleurotus eryngii à corredores da floresta 129
Polenta com cogumelos........ 122
Prato de cogumelos e tomate ... 150
Prato de legumes outonais com trombetas da morte e escorcioneira 84

Ragout de cogumelos com bife... 72
Ragout de peixe com cogumelos.. 55
Rigatoni com cogumelos escamosos e boletos 120
Risotto de pleurotus eryngii 118
Rodovalho com trombetas de Outono 50
Rolinhos de cantarelos......... 41
Rolo de carne com cogumelos.... 76

Salada colorida com estrofarias, cepes e cogumelos escamosos.. 156
Salada de cepes com maçã 148
Salada de cogumelos com cebolinhas e airelas 152
Salada de cogumelos com maionese 155
Salada de cogumelos com vinagrete de marmelos e fiambre... 149
Salada de espargos com morquelas 154
Salada quente de cogumelos ostra..................... 158
Salva e vitela em molho de trufas.. 82
Sopa de amêijoas e cogumelos coberta de massa folhada ... 24
Sopa de batata com cepes 20
Sopa de cogumelos ostra 17
Sopa encorpada de cogumelos com agrião 23
Sopa francesa de cogumelos e queijo 18
Sopa vermelha de lentilhas com cepes 16
Strudel de cogumelos de Outono com molho de cebolinho ... 110

Tortilha de cogumelos 116
Travessa de cepes 114
Trombeta de Outono com carne picada 81
Trufas em capa de batata 138